KB076978

국어
선생님
잠든
사투리를
깨우다

국어선생님, 잠든 사투리를 깨우다

2016년 10월 23일 제1판 제1쇄 발행
2017년 5월 22일 제1판 제2쇄 발행

지은이　박일환
펴낸이　강봉구

펴낸곳　작은숲출판사
등록번호　제313-2010-244호
주소　121-894 경기도 파주시 신촌로 21-30(신촌동)
전화　070-4067-8560
팩스　0505-499-8560
홈페이지　http://www.작은숲.net
이메일　littlef2010@daun.net

ⓒ박일환

ISBN 979-11-6035-003-6　03710
값 14,000원

작은숲
작은학교

박일환 지음

작은숲

머리말

이 책과 더불어 **사투리 여행**을 떠나는 당신께!

　　표준어와 사투리는 가치의 우열을 따질 수 없는 관계입니다. 하지만 현실에서는 사투리를 하찮게 여기거나 교양이 부족한 사람들이 사용하는 언어로 취급하는 경우가 많습니다. 표준어 규정 자체가 "교양 있는 사람들이 두루 쓰는 현대 서울말로 정함을 원칙으로 한다."라고 되어 있는 사실만 보아도 그렇습니다. 표준어를 쓰면 교양이 있고 사투리를 쓰면 교양이 없다는 것인지, 참 이해하기 힘든 규정입니다. 그리고 국어 교과서는 당연히 표준어 교육을 중심으로 짜여 있으며, 방언의 아름다움을 전해 주는 글 같은 건 없습니다. 다만 방언이 고유한 가치와 기능을 지니고 있다는 식의 원론적인 서술을 짧게 양념 삼아 끼워 넣고 있을 뿐입니다.

　　그러는 사이 사투리는 점점 설 자리를 잃고 있으며, 제주도 말은 이미 유네스코에서 '소멸 위기의 언어'로 지정해 놓고 있을 정도로 빠르게 사라지고 있는 중입니다. 만일 사투리가 모두 사라지고 표준어만 남게 된다면 우리말의 풍요로움과 아름다움은 크게 위축되고 말 겁니다.

　　이 책을 엮으면서 여러 가지 안타까움을 느껴야 했습니다. 가령 표준어로 등재해

국어
선생님
잠 든
사투리를
깨우다

도 될 만한 말들이 여전히 사전 속에서 사투리로 분류되어 있는 것이 한 예입니다. 꽁
치나 청어 말린 것을 일컫는 '과메기', 반건조한 오징어를 일컫는 '피데기' 같은 말들은
이미 전국에서 쓰이고 있으며, 달리 대체할 말도 없으므로 마땅히 표준어 대접을 받아
야 한다고 생각합니다. 심지어 둠벙이나 뒤꼭지 같은 말들까지 사투리로 처리한 건 언
뜻 이해하기 어렵습니다. 사전 속에 방언으로 분류되어 올라 있는 말들도 많지만 그렇
지 못한 말들이 훨씬 많다는 것, 그리고 뜻풀이나 사용 지역에 대한 잘못된 소개 같은
것들도 눈살을 찌푸리게 합니다.

　　표준어만으로는 메우지 못하는 언어 공간이 있습니다. 그럴 때 사투리가 충분히
그러한 공간을 채워 줄 수 있을 겁니다. 소설가 박상률에 따르면 자신이 태어난 진도
지방에는 '귀둔소리'라는 말이 있다고 합니다. '귀 어두운 소리'에서 온 말로, 엉뚱한 소
리나 헛소리를 이를 때 쓰는 말이라고 합니다. 하지만 이 말은 인터넷 검색을 해도 나
오지 않습니다. 이런 말들을 찾아내서 널리 쓰게 하면 우리말살이가 더욱 풍성해지지
않을까요? 글을 쓰면서 시와 소설에 쓰인 용례를 많이 넣은 것도 우리말의 풍요로움을

조금이나마 느껴보도록 하기 위함입니다.

　이 책에 실린 사투리들은 제법 널리 알려진 말도 있지만 그 지역 사람이 아닌 경우에는 처음 들어보는 말들이 많을 겁니다. '축구'나 '사랑눈' 같은 사투리들은 무슨 뜻을 갖고 있을지 궁금증을 자아내기도 할 테고요. 사투리 중에 극히 일부만 추려서 정리했을 뿐이지만, 이 책을 통해 사투리를 아끼고 사랑하는 마음이 조금이나마 깊어지기를 바랍니다.

　책을 엮으면서 주로 참고한 것은 국립국어원이 펴낸 『표준국어대사전』입니다. 하지만 사전에 실리지 않은 말들도 많이 발굴해서 실으려고 했으며, 사전에서 사용 지역을 잘못 소개한 경우 제가 아는 선에서 바로잡기도 했습니다. 그럼에도 일부 낱말들은 사용 지역 등에 오류가 있을 수도 있습니다. 지역별로 방언사전이 여럿 나와 있긴 하지만 국어학 분야에서, 그리고 사전 편찬 작업에서 방언 연구는 아직도 갈 길이 멀어 보입니다.

이 책과 함께 잠시 사투리 여행을 떠나볼 것을 권합니다. 우리말이 지닌 다채로운 결을 확인해 볼 수 있는 좋은 기회가 되지 않을까 합니다. 가볍다 싶은 자신의 언어 주머니를 풍성하게 채우는 즐거움까지 얻을 수 있다면 더욱 기쁜 일이 되겠지요.

2016년 가을

박일환 씀

차례

④ 먹을거리를 가리키는 사투리

⑤ 일상생활에 관련된 사투리

6 사람에 관련된 사투리

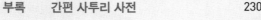

7 자연과 지리에 관련된 사투리

식물과 열매에 관련된 사투리

001 고양, 풍개, 추리

이李씨 성을 가진 사람에게 성의 뜻을 물으면 '오얏'이라고 대답을 한다. 하지만 오얏의 뜻을 물으면 선뜻 대답을 하지 못하는 사람들이 많다. 그만큼 오얏이라는 말이 현대 국어에서 멀어졌음을 알 수 있다. 오얏이라는 말이 완전히 사라진 것은 아니지만 "오얏나무 아래서 갓끈을 고쳐 매지 마라."라고 하는 속담 정도만 남아 있을 정도다. 그래서 지금은 표준어 규정에 따라 '오얏'은 사어死語로 처리하고 대신 '자두'를 표준어로 삼고 있다.

조선의 왕족은 '李오얏 이'씨이며, 대한제국 때에는 나라의 공식 문양을 오얏꽃으로 정했다. 그래서 훈장과 군복 단추 등 모든 황실 재산에는 오얏꽃을 새겼으며 우표에도 오얏꽃을 그려 넣었다고 한다.

모든 과일이 그렇지만 같은 과일이라도 지역에 따라 부르는 이름이 다르고, 경우에 따라서는 품종 자체가 다른 것도 있다. 사전에 자두의 방언이라고 올려놓은 말들이 꽤 많은데, 이들을 다 같은 품종의 자두라고 하기는 어렵다. 지금부터 소개할 토종 자두는 지금 흔히 보는 개량종 자두와는 생김새와 크기, 색깔 등에 차이가 있다.

강원도에서는 자두를 흔히 고야라고 하지만 고을에 따라 꼬야, 꽤, 꽤기 등으로 부르기도 한다. 시중에서 흔히 보는 자두보다 작고 껍질이 얇으며 신맛이 강하다고 한다. 반면 알이 굵고 색깔이 연한 건 농유 혹은 농누라고 부르기도 했다.

경상도에는 풍개라는 이름의 자두가 있다. 풍개는 모양이 약간 길쭉하고 가운데 줄이 패여 있다. 고야도 그렇지만 경상도 사람들은 서양에서 건너온 개량 자두와 풍개를 다른 품종으로 친다.

사전에는 토종 자두 이름으로 굴탈이와 굴근외앗이 표제어로 등록되어 있으며, 경상도 방언으로 애애초, 애추, 왜기 등을, 충청도 방언으로 옹아, 옹애, 경기도와 평안도 방언으로 추리 등을 올려놓았다. 이중에 추리는 경북 지방에서도 많이 쓰는 말이다.

경북 김천은 전국 자두 생산량의 27퍼센트를 감당하며, 2006년에 김천시가 자두 특구로 지정되었다. 여기서 나는 자두 중에 추희 또는 추이라고 부르는 품종이 있는데, 다른 자두보다 늦게 나와서 흔히 가을자두라고도 하며 알이 굵은 편이다. 추리 혹은 추이라는 말은 가을에 나는 자두라는 뜻의 한자어 '추이秋李'에서 비롯되었을 것이며, 추희는 이를 본떠서 어감이 예쁜 이름으로 품종 이름을 삼았을 것이다.

002 꿀밤

어릴 적에 동무들과 함께 부르던 노래들을 얼마나 기억하고
있을까? 그중에 아래와 같은 노래를 즐겁게 부른 기억이 있을
것이다.

커다란 꿀밤나무 밑에서
그대하고 나하고
정다웁게 얘기합시다
커다란 꿀밤나무 밑에서

이 노래는 혼자서 부르는 게 아니라 동무들과 함께 율동을 섞
어서 부르곤 했다. 그리고 서로 가사를 바꾸어 부르는 놀이를 하
기도 했다. 예를 들면, "정다웁게 얘기합시다"를 "즐거웁게 공부
합시다"나, "재미있게 춤을 춥시다"와 같은 식으로. 워낙 많이 부
르던 노래라서 이 노래를 우리나라 동요라고 생각하기 쉽지만 실

은 미국에서 만든 노래이다. 미군이 일본을 점령했을 당시 일본에 퍼졌다가 그 후에 우리나라까지 건너와서 널리 불리게 되었다고 한다. 우리말 가사는 누가 붙였는지 알려지지 않았는데, '꿀밤나무'라는 말을 쓴 것으로 보아 강원도나 경상도를 고향으로둔 사람일 가능성이 높아 보인다.

꿀밤이라고 하면 흔히 '주먹 끝으로 가볍게 머리를 때리는 짓'을 뜻한다. 하지만 사전에는 동음이의어로 다음과 같은 풀이를가진 말을 함께 제시해 놓고 있다.

¶꿀밤 1. '굴밤(졸참나무의 열매)'의 방언(강원). 2. '도토리(갈참나무, 졸참나무, 물참나무, 떡갈나무의 열매를 통틀어이르는 말)'의 방언(강원, 경남).

한편 사전에는 굴밤나무가 표제어로 올라 있으며, 풀이는 졸참나무라고 해 놓았다. 그러므로 꿀밤나무는 이 굴밤나무가 변해서 된 말임을 알 수 있다. 참나무는 종류가 많지만 대부분 도토리 열매를 맺는다. 꿀밤이 도토리란 걸 몰랐던 사람에게 꿀밤한 대 먹인 다음 제대로 된 뜻을 알려 주면 재미있지 않을까?

003 넌달래와 연달래

동화 작가 권정생의 장편 소설 『한티재 하늘』에 다음과 같은 구절이 나온다.

> 참꽃이 지고 넌달래꽃이 필 즈음이면 으레 보릿고개가 찾아온다.
> – 권정생, 『한티재 하늘』 1권에서

봄 동산을 붉게 물들이며 피어나는 진달래를 참꽃이라고도 하는데, 사전에는 참꽃을 다음과 같이 풀이하고 있다.

> ¶ 참꽃: 먹는 꽃이라는 뜻으로, '진달래'를 개꽃에 상대하여 이르는 말.

이에 반해 먹지 못하는 개꽃은 철쭉을 가리킨다. 이러한 사실은 많은 사람들이 알고 있는 편이다. 참꽃은 그렇다 치고 낯설게

다가오는 '넌달래꽃'은 무슨 꽃일까? 위 인용문에서 참꽃이 지고 난 다음에 핀다고 한 데서 눈치챌 수 있듯이 바로 철쭉을 가리키는 말이다. 철쭉은 진달래보다 조금 늦은 시기에 피기 때문이다.

넌달래라는 말은 안동 지역에서 부녀자들이 봄이 되면 화전놀이를 가서 부르던 노래인 〈화전가〉의 "연화꽃은 금연당에 피였고 넌들넌들 넌달래는 이 산 저 산 피여 있고"라는 구절 속에도 등장한다.

넌달래와 짝을 이루는 말에 연달래가 있다는 것도 알아 두자. 넌달래는 사전에 나오지 않지만 '연달래'는 다음과 같이 풀이해 놓았다.

¶ 연달래 1. '진달래(진달랫과의 낙엽 활엽 관목)'의 방언(경상).
2. '철쭉(진달랫과의 낙엽 활엽 관목)'의 방언(경남).

위 풀이에 따르면 연달래는 고을에 따라 진달래를 가리키기도 하고 철쭉을 가리키기도 하는 말임을 알 수 있다. 진달래와 철쭉도 물론 예쁜 말이다. 하지만 연달래와 넌달래도 그에 못지않게 예쁜 말임을 기억해 두면 어떨까? 더구나 둘이 짝을 짓도록 운율을 맞추어 부르면 더욱 정겨운 느낌을 가져다 주기도 하니 말이다.

진달래를 제주에서는 '선달꽃' 혹은 '전기꽃'이라고 부르며, 여러 지역에서 '창꽃'이라고 부르기도 하는데, 창꽃은 참꽃이 변해서 된 말인 듯싶다.

004 대감자 구른감자

　　사람은 못 먹고 돼지나 먹는 감자라며 '돼지감자'로 냉대받던 '돼지감자'가 천연 인슐린 성분인 이눌린이 풍부한 것으로 확인되면서, 당뇨병 환자들에게 일명 '당뇨감자'로 각광받고 있다.

　　뚱딴지, 뚱하니라고도 불리는 돼지감자는 국화과의 다년생 식물로 가을철 꽃을 피우고 10월 늦가을부터 4월 봄까지 뿌리를 캐 먹는다.

　　돼지감자는 이눌린이라는 성분으로 구성되어 소화 과정에서 분해되더라도 혈당이 올라가지 않으면서 단맛을 가진 것이 특징이다. 혈당 상승을 차단하는 것 외에도 천연 인슐린이라 불릴 정도로 혈당 조절력이 좋아 당뇨병 환자들도 안심하고 섭취할 수 있다.

　　– 뉴시스, 2014.7.17

　　돼지감자는 감자라는 이름을 가졌지만 감자와는 다른 종류로, 감자는 가짓과에 속하지만 돼지감자는 국화과에 속한다. 돼지감자는 생김새가 울퉁불퉁하고 못생겼으며, 흔히 '뚱딴지'라는 이름으로 널리 알려졌다. 위 기사에 나오는 '뚱하니'는 사전에 올라 있지 않은 말이다. 다른 말로 '뚝감자'라고도 한다. 흔히 즙을 내어 먹거나 잘 덖어서 환丸을 만들어 먹기도 한다.

뚱딴지라는 말은 돼지감자를 이르기도 하지만 엉뚱한 행동을 하는 경우에도 '뚱딴지같다'는 놀림조의 말을 많이 쓴다. 꽃은 예쁜데 반해 뿌리줄기 모양이 못생겨서 그런 뜻을 가지게 되었다고 한다.

돼지감자를 전라도 지방에서는 '대감'이라고 한다. 대감이라고 하면 높은 벼슬자리에 오른 사람을 가리키는 말인데, 어쩌다가 돼지감자가 그런 고상한 이름을 얻게 되었을까? 이런 의문의 실마리는 '돼감'에서 찾아야 한다. 돼지감자를 줄여서 '돼감'이라고 부르던 것이 '대감'으로까지 번진 것이다.

제주에서는 '숭년감', '싱녕감'이라고 부르며, 강원도 정선에서는 '구든감자'라고 한다. 돼지감자를 한자로는 '국우菊芋'라고 한다. '구든감자'의 '구든'이 '국우'에서 온 게 아닐까 하는 짐작을 해보기는 하지만 확실한 근거는 찾지 못했다.

도깨비풀

도깨비풀 털어 내고

끈끈이주걱 뜯어내면서

설거지, 시궁창 냄새

기름밥, 빵쟁이, 땜장이 냄새 말끔히 걷어 내고

돌을 햇볕에 내어 말려도

― 유용주, 「옴」 중에서

   사람들이 흔히 '도깨비풀'이라는 말을 많이 쓰는데, 이 말은 표준어가 아니라 사투리이다. 도깨비풀은 경우에 따라 도꼬마리를 가리키는 말로도 쓰고, 도깨비바늘을 가리킬 때도 쓴다. 사전에 따르면, 도꼬마리를 가리키는 말로 쓰는 곳은 강원과 충청, 도깨비바늘을 가리키는 말로 쓰는 곳은 전북과 충북이라고 한다. 도꼬마리를 '도둑놈'(경남) 혹은 '도둑놈떼'(경남)라고 부르고, 도깨비바늘은 '도둑놈바늘'(경남), '도둑놈까시'(경남, 전남)로 부르는 곳도 있다. 이름이 겹치는 것만 봐도 둘이 비슷한 식물임을 알 수 있다. 하지만 둘은 엄연히 다른 식물이다.

둘 다 국화과의 한해살이풀이지만 도꼬마리는 키가 1~1.5미터 정도이며, 도깨비바늘은 0.5~1미터 정도이다. 이름에 도둑과 도깨비를 끌어들인 것은 씨앗이나 열매를 퍼뜨릴 때 갈고리 모양의 가시를 이용해 남의 몸에 몰래 붙어서 이동하기 때문이다. 들이나 숲을 돌아다니다 보면 옷에 뾰족한 침 같은 게 다닥다닥 붙어 있는 경우가 있는데, 그게 도깨비바늘이다. 반면 도꼬마리는 열매에 붙은 가시를 이용해 열매 전체가 남의 몸에 달라붙는다. 물론 자신들의 생존 전략에 따라 그런 모양으로 진화해 왔을 것이나, 옷에 달라붙은 도깨비바늘이나 도꼬마리 열매를 털어 내는 입장에서는 귀찮은 존재이기도 하다.

도꼬마리를 가리키는 사투리로는 귀신풀(강원), 개마를때(경남), 오롱마(제주) 등이 있으며, 도깨비바늘은 개찰밥(경북), 귀사리(강원), 찐더풀(강원), 까막사리(강원), 까치바눌(강원, 충북) 등이 있다.

도꼬마리를 가리키는 다른 표준어로 '되꼬리'가 사전에 올라 있기도 하다.

006 동백꽃

그리고 뭣에 떠다밀렸는지 나의 어깨를 짚은 채 그대로 퍽 쓰러진
다. 그 바람에 나의 몸뚱이도 겹쳐서 쓰러지며, 한창 피어 퍼드러진
노란 동백꽃 속으로 폭 파묻혀 버렸다. 알싸한, 그리고 향긋한 그 냄
새에 나는 땅이 꺼지는 듯이 온 정신이 고만 아찔하였다.

　　- 김유정, 「동백꽃」 중에서

김유정의 단편 소설 「동백꽃」을 모르는 이는 거의 없을 것이
다. 산골에 사는 순박한 소년과 점순이의 갈등을 다룬 작품으로,
김유정의 다른 작품들과 마찬가지로 해학성이 매우 뛰어나다.
김유정, 하면 「봄봄」과 함께 「동백꽃」을 떠올릴 정도로 널리 알려
진 작품이지만 정작 소설의 표제어인 '동백꽃'에 대해 제대로 된
지식을 갖고 있는 이는 드물다.

동백꽃이라고 하면 대체로 남해안 지방에서 겨울에 붉은 꽃을
피우는 꽃을 떠올리기 쉽다. 꽃이 질 때 모가지째 툭 떨어진다고

해서 시인들이 즐겨 다루는 소재이기도 하다.

그런데 위 소설에 나오는 동백꽃은 노란색이라고 되어 있다. 그렇다면 남쪽 지방의 붉은 동백꽃과는 다른 꽃임이 분명하다. 강원도에서는 생강나무를 '동백' 혹은 '산동백'이나 '개동백'이라는 이름으로 부른다. 생강나무는 산수유나무와 흡사한 모양을 하고 있어 언뜻 보면 구분이 어렵다. 생강나무라는 이름은 가지를 꺾으면 생강 냄새가 난다고 해서 그렇게 지었다고 한다. 생강나무, 즉 강원도의 동백은 봄에 샛노란 꽃송이가 솜뭉치처럼 매달리며 핀다. 김유정의 고향이 강원도 춘천 근처라는 사실을 알면 '노란 동백꽃'의 비밀이 쉽게 풀린다.

강원도 민요 〈정선아라리〉에 "아우라지 뱃사공아 배 좀 건너 주게. 싸리골 올동백이 다 떨어진다."라는 구절이 나온다. 여기나오는 올동백도 물론 생강나무다. '올동백'은 제철보다 일찍 핀 동백을 말한다. 지역에 따라 동백 대신 '동박'을 쓰기도 한다.

유명한 대중가요 〈소양강 처녀〉의 가사 2절에 나오는 "동백꽃 피고 지는 계절이 오면/돌아와 주신다고 맹세하고 떠나셨죠"에 나오는 동백꽃 역시 생강나무 꽃이다. 소양강 주변에 붉은 동백이 필 리는 없을 테니까.

따배와 따배감

 사과, 배, 대추와 함께 감은 제사상에 오르는 대표적인 과일이다. 다른 과일도 마찬가지지만 감 역시 종류가 참 많다. 감 전문 연구 기관인 〈상주감시험장〉에서 수집한 감을 소개하는 기사를 잠시 살펴보자.

 수집한 감 중에는 곶감 원료로 유명한 '상주둥시'를 비롯해 씨 없는 감으로 유명한 '청도반시', 고종이 곶감 맛에 탄복해 이름 지어진 예천 '고종시', 산청 '단성시', 함안 '수시' 등 전국 각 지역의 토종 감이 포함돼 있다. 또 과실 모양이 편평한 '납작감', '따배감' 등과 과실 측면에 골이 있는 '골감', '파시', 도토리 모양의 '도토리감', 과실 형태가 가늘고 긴 모양의 '꾸리감' 등도 있다. 과육에 따라서는 과즙이 많은 '물감', '물반시', '수시', 그리고 차진 '찰감'과 과즙이 적고 찰기도 적은 '떡감'도 있다.

 – 농민신문, 2010.11.5

단감, 연시, 홍시 정도만 알고 있는 사람들은 감 종류가 이렇게나 많다는 사실에 놀라기도 할 것이다. 모든 감 이름을 다룰 수는 없고, 이 자리에서는 위에서 과실 모양이 편평한 감으로 소개한 '따배감'에 대해서만 알아보자. 따배감이라는 말은 강원도를 비롯해 영덕 등 경북 지방에서 쓰는 말이다.

'따배'는 '똬리'의 사투리이다. 흔히 '또아리'라고 잘못 표기하기 쉬운 똬리는 짐을 머리에 일 때 머리에 받치는 고리 모양의 물건을 이르는 말이다. 그 옛날에는 우물가에서 아낙네들이 똬리를 머리 위에 받친 다음 그 위에 물동이를 얹고 가는 모습을 흔히 볼 수 있었다. 똬리는 헝겊을 둘둘 말거나 짚을 엮어서 만들기도 했다. 지역별로 똬뱅이, 똥애미, 뙤리, 뙤미, 또뱅이, 또베, 따배기 등 다양한 이름으로 불린다.

'따배감' 혹은 '따배'라고 부르는 감의 표준어는 한자로 '반시盤枾', 우리말로 '납작감'이라고 한다. 똬리처럼 납작하다고 해서 똬리의 사투리인 '따배'를 끌어들여서 붙인 이름이다. 요즘은 아낙네들이 물동이나 물건을 머리에 이고 다니는 풍경을 찾아보기 힘들다 보니 '똬리'도 '따배'도 모두 옛날 말이 되고 말았다.

맨드라미와 멈둘레

일제 강점기, 저항 시인 이상화의 시 「빼앗긴 들에도 봄은 오
는가」에 다음과 같은 구절이 나온다.

나비 제비야 깝치지 마라
맨드라미 들마꽃에도 인사를 해야지

이상화 시인은 경북 대구에서 태어났다. 그래서 그의 시에는
경북 지역의 사투리가 많이 담겨 있다. 위 구절만 해도 '깝치지',
'맨드라미', '들마꽃' 같은 사투리가 쓰였다. '깝치다'는 사전에 '재
촉하다의 경남 방언'이라고 풀이해 놓았으나, 경북 지방에서도
널리 쓰인 것으로 보인다. 언젠가부터 청소년들 사이에서 '깝치
다'라는 말이 깝죽거리는 행동을 이르는 말로 쓰이고 있는데, 위
시에 나온 '깝치다'에서 뜻이 번진 것으로 보인다.
'깝치다'라는 말은 그래도 어렵지 않게 뜻을 해석할 수 있으나

정작 사람들을 헷갈리게 하는 말은 '맨드라미'이다. 맨드라미라고 하면 흔히 닭의 볏 모양의 붉은 꽃줄기를 달고 있는 꽃을 떠올리곤 한다. 하지만 맨드라미는 7~8월에 피는 꽃으로, 이 시의 계절 배경인 봄과는 어울리지 않는다. 그렇다면 맨드라미가 봄에 피는 다른 꽃을 가리키는 말이라고 유추해 보는 것이 타당하겠다. 봄에 흔히 볼 수 있는 꽃이라면 개나리, 진달래, 민들레 같은 것들일 테고, 그중에서 맨드라미와 소리가 비슷한 꽃으로 민들레를 떠올려 봄직하다. 민들레는 지역에 따라 다양한 형태의 방언을 지니고 있는데, 사전을 찾아보면 경상도 지역에서 사용하는 방언으로 '민들레미'를 소개해 놓았다. 같은 경상도라도 고을에 따라 조금씩 소리가 다르다고 할 때, 이상화의 시에 나오는 맨드라미는 민들레미, 즉 민들레를 가리키는 말이 분명하다.

한편 민들레를 가리키는 방언으로 머슴들레(경상), 말똥굴레(안동), 미움둘레(전라), 멈둘레(전라) 등이 있다. 서정주 시인이 쓴 「멈둘레꽃」이라는 시가 있는데, 첫 행을 "바보야 하이얀 멈둘레가 피었다"라고 했다. 참고로 토종 민들레는 꽃이 하얀색이라는 걸 덧붙인다.

마지막으로 '들마꽃'에 대해서는 해석이 분분한데, '들에 피는 꽃' 정도로 해석하는 게 일반적이다.

009 밥태기나무

그는 지푸라기 하나 헛반 데 쓰지 못하게 했다
어쩌다 내가 밥태기 한 톨 남기면 죽일 듯 눈알을 부라렸다
 – 김남주, 「아버지」 중에서

전라도에서는 밥알을 '밥태기'라고 한다. 그런 밥태기를 닮은 꽃이 핀다고 하여 '밥태기나무' 혹은 '밥태기낭구'라고 부르는 나무가 있다. 우리가 흔히 이팝나무라고 부르는 나무다.

요즘은 거리 곳곳에 이팝나무를 가로수로 심어 놓은 것을 볼 수 있다. 이팝은 이밥, 즉 쌀밥에서 온 말이다. 이팝나무에 꽃이 핀 걸 보면 정말로 쌀밥이 주렁주렁 매달린 듯한 느낌을 준다. 더구나 예전 같으면 보릿고개가 한창일 무렵에 꽃을 피웠으니, 이팝나무 꽃을 보고 쌀밥을 떠올리는 건 너무도 당연한 일일 터였다. 그렇게 해서 얻게 된 이름인 이팝나무나 밥태기나무에는 가난했던 시절의 설움이 배어 있는 셈이다.

이팝나무를 '점쟁이나무'라고 부르는 사람들도 있는데, 꽃이 만발하면 풍년이 들고 잘 피지 않으면 흉년이 든다고 한다. 이팝나무가 풍년을 점치는 나무로 된 이유는, 이팝나무가 꽃을 피울 때쯤이면 모내기가 한창인 철이기 때문이다. 땅에 물기가 많으면 나무가 꽃을 무성하게 피워 내고, 반대로 땅이 가물어 꽃이 적으면 벼도 잘 자라지 못하기 때문이라고 한다.

이팝나무의 어원과 관련해서 다른 견해를 내세우는 이들도 있다. 입하立夏 무렵에 꽃이 핀다고 하여 '입하목'으로 부르다가 이팝나무가 되었다는 설인데, 큰 신빙성은 없어 보인다. 지금도 입하목이라고 부르는 이들이 있지만, 입하목과 이팝나무는 어원의 뿌리 자체가 다르다고 보는 게 옳을 듯하다.

한편 경상도에서 간혹 밥태기나무라고 부르는 나무가 있는데, 정확한 이름은 박태기나무다. 박태기나무의 꽃 모양 역시 밥알을 닮긴 했지만 색이 붉어서 이팝나무 꽃과는 아예 다르다. 박태기와 밥태기의 소리가 비슷하다 보니 간혹 혼동을 하는 경우가 있다. 밥태기나무를 경기도에서는 '쌀나무'라고 부르기도 한다.

010 비실과 달구비실

앞서 소개한 이상화의 시에 나오는 '맨드라미'가 민들레의 사투리라면, 우리가 알고 있는 맨드라미를 가리키는 사투리는 없을까? 여러 지역에서 '맨두래미' 정도로 부르고 있는데, 이 말은 원말과 큰 차이가 없다. 조금 특이한 형태로 사전에 소개해 놓은 걸 살펴보면 '비실'과 '달구비실'이라는 말이 나온다. 둘 다 경북 지방에서 쓰는 말이라고 하는데, 왜 하필 그렇게 불렀을까? 처음에는 언뜻 감이 잡히지 않는 말이다. 하지만 조금만 생각해 보면 어렵지 않게 변이 과정을 눈치챌 수도 있다.

내가 처음에 발견한 말은 '비실꽃'이다. 사전에는 '비실'만 올라 있지만 현지 사람들은 '비실꽃'을 더 많이 쓰는 것으로 보인다. '비실'이라고 하면 대부분의 사람들이 "힘없이 흐느적흐느적 자꾸 비틀거리다"의 뜻을 지닌 '비실거리다'부터 떠올리기 마련이다. 하지만 비실거리는 모양과 비실꽃은 아무런 관련이 없다. 그렇다면 비실은 대체 어디서 온 말일까? 생각을 이어가다 비실과 달구비실을 연결 지어 놓고 뜻을 추적해 보면 그제야 "아하!" 하고 무릎을 치게 된다. 닭을 흔히 '달구'라는 사투리로 소리 내는 것을 여러 지역에서 들을 수 있다. 달구 혹은 달구새끼라는 말이 귀에 익숙한 사람이 많을 것이다. 그리고 닭의 이마 위에 세로로 붙은 살 조각, 즉 볏을 가리켜 지금도 많은 사람들이 '벼슬'이라고 한다. '비실'은 필시 '벼슬'이 변이되어 나타난 형태일 것이다. 그러므로 '비실'이나 '달구비실'은 맨드라미의 붉은 꽃줄기 모양을 닭의 볏에 빗대어 만든 말임을 알 수 있다. 사투리라고 해서 아무 소리나 갖다 붙인 게 아니라는 걸 알 수 있게 해 주는 말들이다.

맨드라미를 제주에서는 '만도라기'라고 하며, 특이하게 평안도에서는 '변두'라고 부른다. 여기서 변두라는 말을 잠시 살펴보자. 변두를 사전에서 찾으면 '볏'과 같은 말이라고 나온다. 그러므로 변두 역시 '비실'이나 '달구비실'과 같은 맥락에서 만든 말이라고 하겠다.

맨드라미를 한자로 부르는 말에 계관鷄冠, 계관초鷄冠草, 계관화鷄冠花, 계두鷄頭 등이 있다. 모두 닭의 볏을 끌어들여 만든 말들이다.

011 빼뿌쟁이

질경이는 들이나 길가에서 흔히 볼 수 있는 여러해살이풀이다. 밟아도 밟아도 되살아난다고 해서 생명력이 무척 질긴 식물로 알려져 있다. 질경이를 한자말로 '차전초車前草'라고 하는데, 말 그대로 수레바퀴 앞에 있는 풀이라는 뜻이다. 이 말이 생기게 된 데는 다음과 같은 유래가 전한다.

중국 한나라 때 마무馬武라는 장수가 있었다. 그가 군사를 끌고 전쟁터로 가기 위해 풀 한 포기 나지 않는 사막을 지날 때였다. 오랜 진군 끝에 지친 데다 식량과 물이 부족하여 많은 병사가 피오줌이 나오는 병에 걸려서 쓰러지고, 말들도 죽어 갔다. 그러던 중 말 한 마리가 돌연 생기를 되찾고 맑은 오줌을 누었다. 웬일인가 하고 살펴보니 그 말이 마차 앞에 있는 풀을 열심히 뜯어 먹고 있었다. 그걸 보고 병사들도 그 풀을 뜯어 국을 끓여 먹었더니 오줌이 맑아지면서 퉁퉁 부었던 아랫배도 본래 모습으로 돌아왔다. 그로 인해 수레바퀴 앞에서 발견한 풀이라 하여 '차전초車前草'라는 이름을 얻게 되었다.

> 마음이 흘러 들어가지 않는 책의 글자는
> 빼뿌쟁이거나 피
> 묵정논에 솟아오르는 잡풀인 것을
> – 강희근, 「책」 중에서

위 시를 쓴 강희근 시인은 경남 산청에서 태어났으며, 시에 나오는 빼뿌쟁이가 바로 질경이를 가리키는 경상도 사투리이다. 지역에 따라 배부쟁이, 빼뿌쟁이, 빼짱구, 길짱귀, 길짱구, 질짱구 등 다양한 이름으로 불린다. 길짱구나 길짱귀, 질짱구는 길에서 잘 자란다 하여 붙인 이름이며, 빼뿌쟁이는 원래 배부쟁이였던 말이 경음화된 것이다. 배부쟁이라는 말에 대해서는 잎이 개구리의 배를 닮아서 그랬다는 설과 밥상을 덮는 베 보자기처럼 생겨서 그랬다는 설 등이 있으나 어느 것도 확실치는 않다.

위 시에 나온 표현처럼 질경이는 쓸모없는 잡풀 취급을 받았으나 요즘은 질경이를 쌈이나 나물로 먹고, 씨앗이 변비 등에 약효가 있다고 하여 너도나도 채취하는 바람에 예전처럼 흔히 보기 어려운 식물이 되었다.

012 시나나빠

> 웅달진 곳은 인제야 해토가 되는 모양이었다. 질펀한 곳은 구두
> 가 푹 빠지기도 했다. 구두가 푹 빠져도 모두 웃음이 터졌다. 보리
> 밭과 시금치, 시나나빠 밭이 새파랗게 물결치고 있었다.
>
> – 경향신문, 1956.7.11

마해송의 장편 동화 『앙그리께』가 신문에 연재될 당시의 원문
이다. 위 글에 '시나나빠'라는 낯선 말이 나오는데, 무슨 뜻일까?
밭이라는 말로 미루어 짐작한다면 채소의 한 종류라는 걸 눈치
채는 건 어렵지 않다. 시나나빠는 경상도 사람들이 유채를 일컫
는 말이다.

마해송은 개성 출신이지만 한국 전쟁 때 남쪽으로 피난을 내려
와 대구에서 3년을 살았다. 그래서 대구 사람들이 쓰는 말을 익
히게 되었고, 작품 속에도 자연스럽게 녹여 낼 수 있었다. 그런
데 하필이면 유채를 왜 시나나빠라는, 우리말 느낌이 나지 않는

말로 부르게 됐을까? 그에 대한 근거로 삼을 수 있는 내용이 포항시 남구청 홈페이지에 송도동의 유래를 소개하는 글에 나온다.

송도가 활기를 띠기 시작한 것은 일인日人 대지주 대내치랑大內治郞이 1911년 송도 백사장松島白砂場 불모지不毛地 53여 정보의 국유지國有地를 대여받아 조림造林사업을 전개한 지 십 수 년이 지나 송림이 울창해져 1929년 어부보안림漁附保安林으로 지정되고, 이어 1931년 송도해수욕장이 개장되고 기존 마을 사람과 새로 입주한 동민들이 여러 곳의 불모지를 개간하여 시금치, 지나채시나나빠, 파 등을 심기 시작하였고……

지나는 옛날에 중국을 일컫던 이름이므로, 중국에서 건너온 채소라는 뜻으로 지나채라는 말을 만들었으며, 지나를 가리키는 일본말 시나しな와 채소를 뜻하는 낫빠なっぱ가 합쳐진 말이 우리나라에 들어와 시나나빠가 된 것이다. 그러므로 시나나빠는 우리말이 아닌 일본 말인 셈이다.

나이 드신 분들 중에 유채를 가리켜 하루나라는 말을 쓰는 경우가 있는데, 이 말은 춘채春菜를 뜻하는 일본말 하루나はるな이다. 겨울이 지나고 이른 봄에 나물로 먹기 때문에 겨울초, 동초, 삼동초 등의 이름을 가지고 있으며, 시나난빠, 시나난파 등으로 발음하기도 한다.

013 오돌개

　　충남 아산시 송악면 강장리에 가면 '오돌개'라는 이름을 가진 마을이 있다. 오돌개는 뽕나무 열매인 '오디'를 일컫는 사투리로, 충청도, 강원도, 전라도 등 여러 지역에서 불리고 있다. 오돌개 마을은 주변이 산으로 둘러싸인 마을인데, 누에 농사를 주로 하고 있다. 전체 면적 10헥타르에 뽕나무를 심은 면적이 6헥타르에 이를 정도라고 한다. 그래서 이 마을에서는 누에를 생산하여 가공식품을 만들어 파는 한편 일반인들을 대상으로 체험 행사를 열기도 한다. 일종의 농촌 체험 마을인 셈인데, 관광객이 꽤 많이 찾는다고 한다. 누에와 뽕나무가 마을을 살리고 있는 셈이다. 거기에 마을 이름으로 오돌개라는 정겨운 사투리를 사용함으로써 친근감을 자아내고 있다.

　　오디를 가리키는 사투리는 이밖에도 오도개, 오덜기, 오동, 오동개비, 오동애, 오두, 오두개, 오둘개, 오둘기 등이 있으며, 경상도 지역에서는 호두, 호디, 아들개 등으로 부르거나 혹은 뽕나무에서 이름을 따서 뽕딸이나 뽕열매로 부르기도 한다. 제주에서는 뽕낭탈, 강원도에서는 뺑오두라고 한다.

뽕나무라는 이름은 열매를 먹으면 소화가 잘 되어 방귀 소리가 뽕뽕 하고 난다고 해서 그렇게 부르기 시작했다는 재미있는 이야기가 전한다. 실제로 오디는 소화를 돕는 물질이 많이 들어 있다고 한다.

전북 장수 출신의 유용주 시인이 쓴 산문시에 오돌개가 나온다.

> 보리 익을 때는 분옥이 가슴에 젖꼭지처럼 오돌개도 따라 익어 온통 주둥이에 제비꽃물 들이면서 돌아다니는 게 꾀복쟁이들 하루 일과인데 보리밭에는 뽕나무 몇 그루도 무덤덤하게 서 있기 마련,
>
> – 유용주, 「오돌개」 중에서

시에 나오는 '꾀복쟁이'는 흔히 '깨복쟁이'라고도 하며, 벌거숭이 즉 옷을 다 벗은 사람을 뜻하는 전라도 방언이다. 주로 '깨복쟁이 친구'와 같은 형태로 쓰이는데, 어릴 적에 고추까지 다 드러내 놓고 어울리던 허물없는 친구를 가리킨다.

014 양파

다른 작물에 비해 조금 늦게 들어오긴 했지만, 각종 음식 재료로 널리 쓰이는 양파의 유래와 이름에 얽힌 내용을 전해 주는 기사를 살펴보자.

중국에서는 호총胡蔥이라는 단어가 당나라 초기 문헌에 나타났다. 일본에서는 옥총玉蔥이라 쓰고 다마네기たまねぎ라고 읽는다. 양파라는 말을 널리 쓰기 전만 해도 너도나도 다마네기라는 일본말을 쓰곤 했다.

우리나라에서는 1906년 뚝섬 원예모범장농촌진흥청의 전신에 처음 양파가 도입돼 시범 재배됐다. 명칭도 일본의 명칭인 다마네기를 그대로 따왔다. 총蔥 대신 우리말인 '파'를 사용하면서 '옥파', '둥근파' 등으로 쓰이다가 서양에서 들어온 파라는 뜻으로 양파로 호칭되고 있다.

– 서울신문, 2014.9.12

위 기사에 따르면 양파가 우리나라에 도입된 건 100년 남짓하다. 고추 등 다른 작물에 비하면 도입 시기가 늦은 편이기는 하지만 지금은 음식 재료로 없어서는 안 될 만큼 다양한 용도로 쓰인다. 양파라는 말 대신 옥파라는 말이 먼저 쓰였다고 하는데, 사전에서는 옥파를 전북 방언으로 소개하고 있다. 아마도 다른 지방에 비해 전북 지방에 옥파라는 말이 널리 퍼져 있었던 모양이다. 전주를 근거지로 삼고 소설을 쓴 최명희의 대하소설 『혼불』에서 옥파를 찾아볼 수 있다.

솜씨가 좋은 서저울네는 생도라지를 소금물에 살짝 삶아 건지며 맛을 본다. 그리고 간간한 도라지를 옹배기 찬물에 우려내는 동안 후춧가루, 소금, 깨소금, 파, 마늘을 언뜻언뜻 챙긴 후에, 다시 도라지를 건져 내더니 순식간에 옥파같이 곱게 갈아 놓는다.
  – 최명희, 『혼불』 1권 중에서

옥파라는 말을 전북 지방에서만 쓰는 것은 아니다. 북한에서는 양파를 둥글파 혹은 옥파라고 부른다. 북한에 가면 '옥파튀김', '옥파농장'과 같은 말을 어렵지 않게 접할 수 있다.

양파를 충남에서는 '홉파'라고 부르기도 하며, 사전에는 올라 있지 않지만 '주먹파'라는 말이 퍼져 있기도 한다. 주먹파는 생긴 모양이 주먹을 쥔 것과 같다고 해서 붙인 이름이다. 나름대로 그럴 듯한 작명이라는 생각이 든다.

015 일렁감과 땅감

> 70년 전 피싸움 그 아픈 속적삼으로
>
> 벌겋게 익은 일렁감 껍질도 닦아주며
>
> 어서어서 묵으라 묵으라 해쌓던
>
> 북만주땅 수남마을 싸리울타리 할머니
>
> – 김준태, 「수남마을 할머니–백두산행 16」 중에서

    토마토는 과일이 아니라 밭에서 재배하는 한해살이 채소로 분류한다. 남아메리카 원산의 토마토가 우리나라에 들어온 것은 무척 오래된 일로, 1614년에 펴낸 이수광의 『지봉유설芝峯類說』에 '남만시南蠻柿'라는 이름으로 소개된 것으로 보아 그보다 앞선 것으로 판단된다. 남만南蠻은 중국 남쪽 지방의 오랑캐를 가리키는 말이므로, 토마토가 더운 지방에서 자라던 작물임을 알 수 있다.

    토마토를 전라도 지방에서는 '일렁감'이라고 한다. 사전에 '일

년감'이라는 표제어가 올라 있으며, 일년감이 일렁감으로 변했으리라고 짐작해 볼 수 있다. 한해살이 식물이라는 특성에서 비롯된 이름이라고 하겠다.

일렁감이라는 말과 함께 여러 지방에서 흔히 쓰는 말로 '땅감'이 있다. 감과 비슷한 모양을 하고 있지만 감나무 열매처럼 높은 곳에서 열리지 않고 땅과 가까운 곳에서 열리기 때문에 붙은 이름이다. 땅감이라는 말이 예전에는 매우 폭넓게 쓰였고 교과서에도 그 이름이 실릴 정도였다고 하나 지금은 원말인 토마토에 가려 잊힌 이름이 되고 말았다.

일제 강점기 때 주로 활동했으며, 동시 「감자꽃」을 지은 것으로 유명한 충북 충주 출신의 권태응 시인1918~1951이 지은 「땅감나무」라는 동시가 있다.

키가 너무 높으면,
까마귀 떼 날아와 따먹을까 봐,
키 작은 땅감나무 되었답니다.

키가 너무 높으면,
아기들 올라가다 떨어질까 봐,
키 작은 땅감나무 되었답니다.

016

지슬

〈지슬〉이라는 제목의 영화가 있었다. 제주 4 · 3 사건의 비극을 다룬 오멸 감독의 독립영화이다. 한국 영화 역사상 최초의 선댄스영화제 심사위원 대상을 받았다고 하여 화제가 되기도 했지만, 그보다는 4 · 3 사건이 지닌 비극성을 슬프면서도 깊이 있고 시적인 울림으로 담아내어 호평을 받았다. 덕분에 독립영화로서는 드물게 많은 관객이 들었다고 한다.

그런데 '지슬'이라는 말을 처음 접한 사람들은 무엇을 뜻하는 말인지 몰라서 어리둥절하기 마련이다. 영화가 아니었으면 평생 그런 말이 있는지도 모르고 살았을 사람이 대부분이다. 제목에 쓰인 '지슬'은 감자를 나타내는 제주도 사투리이다.

영화 속에서 제주도 산간 마을에 살던 사람들은 "해안선 5킬로미터 밖 모든 사람을 폭도로 여긴다"는 소문을 듣고 산속으로 피신하여 굴 안에 들어가 생활한다. 폭도로 몰렸다가는 재판이고 뭐고 없이 그 자리에서 학살을 당할 게 뻔했기 때문이다. 거기서 그들은 따뜻하게 구운 감자를 나눠 먹으며 집으로 돌아갈 날을 기다린다. 하지만 그들에게 돌아온 것은 다들 짐작하는 것처럼 비극적인 결말이다.

영화의 대사는 제주 사투리로 이루어져 있으며, 제주 사투리를 이해하기 힘든 관객을 위해 표준어로 자막을 넣었다. 우리나라 영화에 우리나라 말로 자막을 넣은 것은 〈지슬〉이 처음일 것이다. 제주 사투리가 워낙 어렵고 낯설다 보니 제대로 된 제주 사투리 구사를 위해 배우들 상당수를 제주도 사람으로 채웠다고 한다.

그만큼 제주 사투리가 표준 한국말과 먼 거리에 있음을 알 수 있으며, 그런 이유로 제주 사투리를 방언이 아니라 아예 '제주어'라는 독립된 개별 언어로 정의하고 있기도 하다. 하지만 고유한 제주어는 점차 사라지고 있는 추세이며, 2011년 12월 유네스코가 지정하는 '소멸 위기 언어' 5단계 중 4단계인 '아주 심각한 위기에 처한 언어'에 등재되었다. 제주어 보존에 각별한 관심과 노력이 필요한 상황이라고 하겠다.

지슬은 '지실'이라고도 하며, 제주도에서는 고구마를 '감저'라고 한다. 제주도에 가서는 고구마와 감자를 혼동하지 않도록 주의할 일이다.

017 포구나무

경상도 쪽에 가면 동네마다 포구나무라고 부르는 커다란 나무가 있다. 일부 사전에서는 이 포구나무를 느티나무의 방언이라고 풀이해 놓았는데, 느티나무를 가리키기도 하지만 팽나무를 가리키는 경우가 많다.

경남 통영 출신의 극작가 유치진이 어린 시절을 회고하며 쓴 글에 포구나무가 나온다.

나는 주로 동구 앞에 서 있는 포구나무 그늘을 좋아했다.

포구나무 아래서 놀라치면 들판에 작약꽃이 만발했다. 또 포구나무도 흰 꽃을 피웠다. 그런 것은 어린 눈에도 참으로 아름답다는 느낌을 흠뻑 안겨주곤 했다.

– 유치진, 「포구나무 그늘」아래 부분

흰 꽃을 피운다고 한 것으로 보아 위 글의 포구나무는 느티나무를 가리키는 것으로 보인다. 느티나무와 팽나무는 모두 느릅나무과에 속하는 식물이라서 서로 혼동하는 경우가 많았던 모양이다. 이번에는 역시 통영 출신의 최정규 시인이 쓴 시에서 팽나무를 가리키는 포구나무를 만나 보자.

동글동글한 포구알이
새떼도 되고
복숭아도 되며
샛별도 되어 굴러다닌다
– 최정규, 「딸따니 예슬이–통영바다 78」 중에서

위 시에 나오는 포구알은 포구나무의 열매다. 팽나무 열매는 작고 동그란데, 팽나무의 열매를 총알로 쓰는 아이들의 장난감 총을 '팽총'이라고 한다. 팽총을 사전에서는 "총열로는 맞구멍이 난 대통을 쓰며, 그 양 끝에 팽나무 열매를 탄알 삼아 하나씩 넣어 두고 한쪽을 자루에 박힌 대쪽으로 밀어서 공기의 압력으로 쏜다"라고 풀이해 놓았다. 팽총에서 열매가 날아갈 때 팽 하는 소리가 나서 팽나무라는 이름을 얻었다는 설이 있다. 제주에서는 팽나무를 '폭낭'이라고 부른다.

한편 푸조나무를 금포구나무라고도 한다. 푸조나무 역시 느릅나무과에 속한다.

2

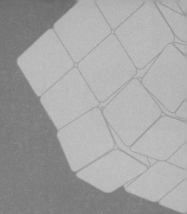

곤충이나 동물을 가리키는 사투리

018   때까우와 게사니

거위는 오릿과의 새로, 기러기를 식육용食肉用으로 개량한 변
종이라고 한다. 새에 속하기는 하나 잘 날지는 못하며 대신 헤엄
은 잘 친다. 사나운 성질이 있어 낯선 사람을 보면 요란하게 울
어 대서 개 대신 집을 지키는 가축으로 기르기도 한다. 거위의
모습에 빗대어, 여위고 키가 크며 목이 긴 사람을 놀림조로 이를
때 '거위영장'이라는 말을 쓴다. 그리고 거위가 걷는 것처럼 어기
적어기적 걷는 걸음을 '거위걸음'이라고 한다.

거위를 가리키는 사투리는 전라도에서 '때까치'를 쓰기도 하지
만 가장 널리 쓰는 말은 '때까우'이다. 경우에 따라 '때꺼우'라고
도 하는데, 정철훈 시인의 시에 「때꺼우」라는 제목의 작품이 있
다. 경상도에서는 '고니'라는 말을 쓰고, 강원도와 경기도 일부에
서는 '게사니'라는 말을 쓴다. 그런데 게사니라는 말은 남한보다
는 북한에서 훨씬 폭넓게 사용하는 말이다. 거위가 우는 소리가
무척 크고 거세다 보니 '거위가 우는 소리와 같이 목청을 높여 갑

자기 꽥꽥 지르는 소리'를 일러 '게사니목청'이라고 하는 말까지
만들어 쓰고 있다.

전북 완주 출신의 유강희 시인이 때까우를 등장시킨 짧은 동시
를 쓴 게 있다.

> 네 이름은 뭐니?
>
> 꽤애애애애애액,
>
> 성은 뭐니? 꽥
>
> – 유강희, 「때까우」 전문

거위가 내지르는 목청을 이름과 성에 연결시킨 재미있는 작품
이다. 한편 유치환 시인이 쓴 시에는 게사니가 등장한다.

> 그리하여 너희를 마침내 이같이
>
> 기갈 들어 미치게 한 자를 찾아
>
> 가위 눌려 뒤집히게 한 자를 찾아
>
> 손에 손에 그 시퍼런 날들을 들고 게사니같이 덤벼
>
> 남 나의 어느 모가지든 닥치는 대로 컥컥 찔러
>
> – 유치환, 「칼을 갈라」 중에서

019 땡삐

벌 중에서 무섭기로 소문난 벌이 말벌인데, 말벌과에 속하면서 땅에 집을 짓고 사는 벌을 땅벌이라고 한다. 땅벌을 옛날에는 '땃벌'이라고 했다. 땃벌이라고 하면 이승만 정권 시절 정치 깡패 노릇을 하던 땃벌떼를 떠올리는 사람이 많을 듯하다.

벌 중에서 사납기로 유명한 땃벌떼를 그려 넣은 벽보도 붙었다. 민중자결단 이름으로 협박 벽보도 붙었다. 땃벌떼는 민중자결단의 일선 행동대였지만 백골단 · 민중자결단 · 땃벌떼 중 가장 사납게 설쳐 댔고 명칭이 주는 이미지가 강해 국회를 협박하는 데 아주 잘 먹혀들었다.
— 서중석, 『이승만과 제1공화국』 중에서

당시의 땃벌떼는 말 그대로 공포의 대상이었다고 한다. 그만큼 땅벌이 얼마나 무서운 벌인지 알 수 있게 해 준다. 땅벌을 가리키는 사투리로는 땡벌(강원), 땡끼벌(충청), 땅말머리(경북), 땅삐(경북), 뗑삐(전남), 바때리(충청), 왕바드래(경북), 옷바시(충남) 등이 있다. 땅벌의 다른 표준어로 '바더리'가 사전에 있는데, 경북의 왕바드래는 바더리에서 온 말인 듯하다. 땅벌의 사투리 중에 여러 지역에서 두루 쓰는 말은 '땡삐'이다.

> 산정리 굽은 길을 돌아드는데 땡삐 한 마리가 소용돌이친 귓밥을
> 쫓아왔다 산비탈에서 거웃거웃 순을 틔운 단풍나무 묘목처럼 녀석
> 도 막 잠에서 깨어 봄날을 노닐 짝으로 하필 날 찍었던 것인데 녀석
> 이 따라잡기는 집요하여 포장도로 초입까지 날아와 앵앵거린다
> — 정철훈, 「땡삐」 중에서

땡삐가 집요하게 쫓아오는 모습이 눈에 선하게 그려진다. 밭일을 하거나 산에서 나무를 하다 땅벌이 사는 집을 잘못 건드리면 낭패를 보기 쉽다. 자칫하면 땅벌에 쏘여서 죽는 수도 있다고하니 함부로 대할 날벌레가 아니다.

강원도에서는 매운 고추를 '땡삐고치'라고 부르기도 한다. 고치는 고추를 가리키는 사투리로, 매운 맛이 땡삐처럼 고약하다고 해서 붙인 이름일 터이다.

020 시역지

2012년에 서울대공원 측이 돌고래를 훈련시켜 쇼를 보여 주는 행위가 동물 학대라는 비판을 받아들여 돌고래쇼를 중단하겠다는 발표를 했다. 그리고 적응 훈련을 거쳐 다음 해에 '제돌이'라는 이름을 가진 돌고래가 바다로 돌아갔다. 돌고래는 생김새가 귀여워서 아이들이 참 좋아하는 바다 생물이다. 그런데 이 돌고래를 '물돼지'라고도 부른다는 사실을 알고 있는 사람들이 얼마나 될까? 하지만 분명히 사전에 물돼지가 돌고래를 가리키는 표준어로 올라 있으며, 한자로는 해돈海豚이라고도 한다. 왜 하필 돼지를 끌어다가 이름을 붙였는지 모르겠으나, 돌고래라고 할 때보다 친근감이 많이 떨어지는 이름이다.

물돼지 말고 지역별로 돌고래를 부르는 이름은 다양하다. 경상도에서는 곱시기라고 하며 제주도에서는 곰새기 혹은 수외기라고 한다. 그리고 돌고래들이 많이 있는 곳을 제주도에서는 곰돌랭이라고 한다. 특이하게도 북한 지역에서는 곱등어라고 부른

다. 꼽둥이라는 곤충이 연상되어 썩 좋은 어감을 불러일으키는
말은 아니다.

사전에는 '시육지'라는 말이 올라 있는데, 돌고래의 옛말이라
고 풀이되어 있다. 바닷가에 사는 사람들은 아직도 더러 시육지
라는 말을 쓰기도 한다.

소설가 윤후명이 수원과 인천을 잇는 수인선이 다시 개통된다
는 소식을 듣고 쓴 글에 다음과 같은 구절이 나온다.

> 오젓거리 육젓거리 새우들이 염전의 소금더미처럼 쌓이면 망둥
> 이 서대 장대에 상괭이 시육지도 미끈거렸지요.
> – 경향신문, 2012.7.1

위 글에 나오는 상괭이는 쇠돌고래를 뜻하는 표준어이다. 상
괭이는 지금도 우리나라 바닷가에서 심심찮게 그물에 걸려 올라
온다. 그리고 시육지를 강화 사람들은 '시역지'라고 부른다. 강화
도는 섬 지역이라 그런지 다른 지역과 구별되는 그들만의 사투리
를 쓴다. '오세요'를 '오시겨'로, '오셨어요?'를 '오셨시꺄?'로 발음
하는 게 강화 사람들의 독특한 발음법이다. 시육지가 시역지로
바뀐 것도 [ㅠ] 발음보다는 [ㅕ] 발음을 즐겨 쓰는 데서 비롯된
게 아닐까 싶다.

021 왁새

사전에서 '왁새'를 찾으면 뻐꾸기의 제주 방언이라는 풀이와 함께 왜가리를 뜻하는 북한말이라고 해놓았다. 그러면서 북한에서 쓰는 말이라며, '왜가리처럼 긴 다리'를 뜻하는 '왁새다리'와 '왜가리처럼 크게 떼어 걷는 걸음 또는 껑충거리며 멋없이 걷는 걸음'을 뜻하는 '왁새걸음'을 표제어로 올려놓았다.

그런데 왁새가 정말 북한에서만 쓰는 말일까? 사전의 설명과는 달리 남한에서도 왁새라는 말을 쓴다. 경남 창녕의 우포늪 근처에 살며 우포늪을 소재로 한 시편들을 모아 시집을 낸 바 있는 배한봉 시인의 시를 살펴보자.

> 소목 장재 토평마을 양파들이 시퍼런 물살 몰아칠 때
> 일제히 깃을 치며 동편제 넘어가는
> 저 왁새들
> 완창 한 판 잘 끝냈다고 하늘 선회하는

그 소리꾼 영혼의 심연이

우포늪 꽃잔치를 자지러지도록 무르익힌다

    – 배한봉, 「우포늪 왁새」 중에서

　위 시에 나오는 '왁새'는 왜가리를 말한다. 아마도 왜가리 울음
소리가 "왁, 왁" 한다고 해서 붙은 이름일 터이다. 백로와 비슷
하게 생긴 왜가리는 우리나라 대부분의 지역에서 발견되는 텃새
이다. 몸의 길이는 90~100센티미터이고, 다리와 부리가 긴 것
이 특징이다.

　왁새가 북한말이 아니라 남한에서도 두루 쓰던 말이라는 건 몇
가지 사례를 들어 설명할 수 있다. 충남 보령시 오천면 효자도리
에 속하는 섬으로 '왁새섬'이 있는데, 섬 모양이 왁새를 닮아서
붙인 이름이라고 한다. 그리고 강원도 영월의 주천강酒泉江 가운
데에 솟아 있는 너럭바위를 왁새바위라고 한다. 왜가리가 많이
모여드는 곳이라고 해서 그런 이름이 붙었다. 이밖에도 서울 강
동구 성내동에 있는 구릉을 왁새가 많이 산다 하여 '왁새마루턱'
이라고 부르기도 했다. 이러한 사실들로 미루어 볼 때 왜가리를
뜻하는 왁새가 전국에서 두루 쓰였음을 알 수 있다.

022 왕퉁이

벌에 한번 안 쏘여 본 사람은 없을 것이다. 하지만 벌 중에서
도 말벌에게 쏘이는 건 조심해야 할 일이다. 말벌의 침은 보통
벌과는 다르기 때문에 자칫하면 목숨을 잃을 수도 있기 때문이
다. 말벌을 사전에서 찾으면 다음과 같은 풀이들이 나온다.

1. '호박벌'을 일상적으로 이르는 말. [비슷한 말] 왕벌.

2. 〈동물〉 말벌과의 벌을 통틀어 이르는 말.

3. 〈동물〉 말벌과의 벌. 몸은 암컷이 2.5센티미터, 수컷이 2센
티미터 정도이며, 검은 갈색에 갈색 또는 누런 갈색의 털이 나 있
다. 대개 육식성으로 작은 곤충을 잡아먹는다. 한국을 비롯하여 유
럽에서 극동까지 분포한다.

'박벌'이라고도 부르는 호박벌은 '먹뒝벌'이라는 특이한 이름을
갖고 있기도 하다. 호박벌은 말벌보다는 작은 벌이어서 이 자리

에서 말하고자 하는 말벌과는 다른 종류라고 보는 게 좋겠다.

말벌 중에서도 덩치가 큰 장수말벌이 있는데, 이 장수말벌을 충남 지방에서는 흔히 '왕퉁이'라고 부른다. 충남 홍성 출신의 이정록 시인의 시 중에 바로 이 왕퉁이가 등장한다. 간혹 왕퉁이를 왕탱이 혹은 황퉁이라고 부르기도 한다.

> 네 이름이 참나무인 것은
> 미루나무처럼 곧거나
> 목련처럼 소담스럽기 때문이 아니라
> 툭툭 터진 껍질 가득
> 앞 발 날카로운 집게벌레와
> 독침 벌름거리는 왕퉁이를 다스리기 때문도 아니다
> – 이정록, 「참나무」 중에서

사전에는 왕퉁이 대신 '왕통이'라는 표제어를 올려놓고 경기도의 방언이라고 풀이해 놓았다. 경상도에서는 대추벌, 제주도에서는 사상벌 혹은 새당벌, 강원도에서는 마바리, 마라리(벌), 바두리 등으로 부른다.

023 잔나비

원숭이띠를 일러 흔히 잔나비띠라고도 한다. 많이 쓰는 말이긴 하지만 잔나비와 관련해서 다른 용례는 찾아보기 어렵다. 사전에 "조심성 없이 경솔하게 행동하는 경우를 빗대어 이르는 말"로 '잔나비 밥 짓듯'이나, "남을 흉내 내어 한 일이 제 격에 맞지 아니한 경우를 빗대어 이르는 말"인 "잔나비 잔치다"라는 속담이 올라 있긴 하지만 이들 역시 실생활에서는 잘 쓰지 않는 속담이다.

'잔나비'는 사전에 따라 사용하는 지역이 다르게 나타나긴 하지만 모두 원숭이를 뜻하는 방언으로 처리되어 있다. 하지만 엄밀히 따지면 방언이 아니라 원숭이를 뜻하는 옛말이라고 하는 게 더 정확할 듯싶다. 잔나비는 15세기에 처음으로 '납'이라는 말이 문헌에 나타났다가 이후에 '잰납'을 거쳐 잔나비로 된다. 잰납의 '잰'은 동작이 빠름을 나타내는 '재다'에서 왔을 것이라는 게 통설이다. 송강 정철이 쓴 "한 잔 먹세 그려. 또 한 잔 먹세 그려."로

시작하는 「장진주사將進酒詞」의 마지막 부분에 "하믈며 무덤 우희
잔나비 바람 불 제 뉘우친들 엇더리"라는 구절이 있기도 하다.
우리나라에 잔나비, 즉 원숭이가 살았던 것은 아니지만 이웃나
라들과의 교역 등을 통해 원숭이를 들여와서 그 존재가 널리 알
려져 있었음을 확인할 수 있다.

> 간간이 잔나비 우는 산기슭에는
> 아직도 무덤 속에 조상이 잠자고
> 설레는 바람이 가랑잎을 휩쓸어 간다.
> – 오장환, 「고향 앞에서」 부분

　오장환 시인은 일제 강점기 때부터 해방 직후까지 활동한 시인
이다. 일제 강점기 말쯤에 발표한 위 시를 보면 '잔나비'라는 말
이 당시만 해도 제법 널리 쓰였음을 짐작해 볼 수 있다. 하지만
지금은 서서히 그 쓰임새가 사라져 가는 중이다.
　잔나비를 경상도에서는 '잘래미', 경남에선 '잘래비'라고 한다.
'래미'는 귀여운 사람의 뜻을 입혀서 만든 아들래미나 딸래미와
같은 형태로 보면 될 듯하다. 그리고 '래비'는 '래미'가 변이를 일
으킨 말로 보인다.

024 참쌀개

삽사리라고도 하는 삽살개는 진돗개, 풍산개와 더불어 우리나라 3대 토종개로 알려져 있다. 삽살개는 털이 복슬복슬 많이 나있으며, 오래전부터 우리나라에서 널리 길러 오다가 일제 강점기에 멸종 위기에 몰렸다. 그러다가 1969년 경북대학교 교수들이 복원 작업을 시작했으며, 1985년에는 경북대학교 하지홍 교수가 경상북도 경산시 하양읍 대조리에서 체계적인 보존 사업을 하기 시작했다. 그렇게 해서 개체 수를 조금씩 늘려 갔고, 1992년 3월 7일에 '경산의 삽살개'라는 이름으로 천연기념물 제368호로 지정되었다.

삽살개라는 이름은 귀신이나 액운살을 쫓는삽 개라는 뜻을 지니고 있다. 이 삽살개를 지역에 따라 '찹살개' 혹은 '찹쌀개'라고 부른다. 아마도 '삽살'이라는 말에서 은연중에 찹쌀을 떠올려 잘못 부르다가 그렇게 굳어진 이름이 아닐까 싶다.

전북·김제에서 채록된 무가巫歌 〈성주풀이〉에 다음과 같은 구절이 나온다.

아들 낳면 왕자 낳고 딸을 낳면 왕비를 낳아
며느리는 만고효부 나라에 충신동이
부모에게 효자동이 동네방네 인심동이
집안에 화목동이 만물에 짐생 날 때
개를 낳면 찹쌀개라 닭을 낳면 봉황 낳고

  황해도 장연 출신인 노천명 시인의 시에 '찹쌀개'가 등장한다.
발표 당시에는 '찹쌀개'로 되어 있는데, 요즘에는 현대 국어의 맞
춤법에 맞춘답시고 '삽살개'로 고쳐서 싣고 있다. 사투리가 전해
주는 정감을 무시하는 태도가 그대로 드러난 사례인 셈이다.

대추 밤을 돈사야 추석을 차렸다
이십 리를 걸어 열하룻장을 보러 떠나는 새벽
막내딸 이뿐이는 대추를 안 준다고 울었다

절편 같은 반달이 싸릿문 우에 돋고
건너편 선황당 사시나무 그림자가 무시무시한 저녁
나귀 방울이 지껄이는 소리가 고개를 넘어 가차워지면
이뿐이보다 찹쌀개가 먼저 마중을 나갔다
 - 노천명, 「장날」 전문

철뱅이와 남자리

여름철과 가을철이면 들판을 날아다니는 잠자리를 잡으러 돌아다닌 추억 정도는 누구나 간직하고 있지 않을까? 기다란 잠자리채를 휘둘러서 잡기도 하고, 때로는 나뭇가지나 풀잎 위에 올라앉은 잠자리에게 다가가 손가락을 빙빙 돌리며 혼을 빼놓은 뒤 재빨리 잡아채기도 했다. 지역마다 잠자리를 잡을 때 부르던 동요가 상당수 전해지고 있는데, 아래에 소개하는 전래 동요도 그중의 하나이다.

철뱅이 꽁꽁

앉을뱅이 꽁꽁

앉은 자리 앉거라

십 리 밖에 나가면

니 모가지 떨어진다

위 노래는 경상도 지역에서 채록된 것이며, '철뱅이'와 '앞을뱅이'가 바로 잠자리를 가리키는 사투리이다. 앞을뱅이는 사전에 '안진뱅이'로 올라 있기도 하다. 잠자리를 뜻하는 사투리는 사전에 올라 있는 것만 해도 수십 가지가 되며, 고을에 따라 서로 다른 이름으로 부르곤 했다. 경상도만 해도 고을에 따라 곰부리, 곰도리, 깽자리, 어러리, 철래이, 철기, 철리뱅이, 행오리, 팔랑개비 등 무척 다양한 형태의 말이 쓰였다. 전라도에서는 간진자리, 참마리, 참바리, 차마리, 자마리 등이, 강원도에서는 소곰장이, 찰레기, 차랭이, 나마리 등의 말이 발견된다. '남자리'라는 말도 있는데, 사전에는 경상, 전남, 충북에서 쓰는 말이라고 소개해 놓았다. 경상도 지역에서 오랫동안 초등학생들을 가르쳤던 이오덕 선생님이 수업 중에 아이들이 쓴 시를 묶은 책에 '남자리'가 나온다.

남자리가
이실에 붙어서
입을 조물딱
이실을 빨아먹읍니다.
– 정홍수, 「남자리」 전문

당시의 원문 그대로 실었는데, '이실'은 '이슬'을 뜻한다. 남자리가 무언지 모르는 사람은 잠자리의 오타로 착각할 수도 있겠다는 생각을 잠시 해 보기도 했다.

026 할미고딩과 늘팽이

 달팽이는 논밭의 돌 밑이나 풀숲에 사는 연체동물로 우리나라 어디서나 흔히 볼 수 있다. 사람에 따라 징그럽게 여기기도 하지만 반대로 애완동물로 기르는 경우도 흔치 않게 볼 수 있다. 유럽, 특히 프랑스에서 달팽이 요리를 고급 요리로 치며, 우리나라에서도 식용으로 사육하는 곳이 있다고 한다. 하지만 혐오감 때문에 우리나라 사람 중에는 달팽이 요리를 먹는 이가 드물다. 비슷하게 생긴 골뱅이를 잘 먹는 것과는 대조되는 현상이라고 하겠다.

 달팽이를 가리켜 조선 시대에는 '달팡이' 혹은 '달파니'라고 했다. 그렇다면 달팽이를 가리키는 사투리는 어떤 것들이 있을까? 다른 말들도 그렇지만 달팽이의 사투리 역시 지역마다 다양한 형태를 보인다.

 우선 경상도 사람들이 부르는 '할미고딩' 혹은 '할미고딩이'가 먼저 눈에 띈다. 요즘에는 '고딩'이 고등학생을 가리키는 속어로 많이 쓰이지만, 할미고딩의 '고딩'은 생김새가 마치 고둥을 닮아서 붙은 말이 분명하다. 그리고 할미는 달팽이의 동작이 할머니처럼 느리다는 이유로 가져다 붙인 말일 것이다. 같은 의미의 뿌리를 가진 말로 '하마고둥이', '하마', '함' 등이 있다.

경북 지방에서는 '문듸', '문디꼴부리'라는 말을 쓰기도 한다. 문디라는 말을 왜 갖다 붙였는지는 모르겠으나 꼴부리 혹은 골부리는 경상도에서 다슬기를 가리키는 말로 널리 쓰인다. 달팽이와 생김새와 비슷한 다슬기를 끌어들여서 만든 말인 셈이다. 문디 대신 무당을 끌어들여 그냥 '무당' 혹은 '무당골뱅이'라고 하는 경우도 있다.

강원도에서는 '늘팽이'라는 말을 쓴다. 사전에는 단순하게 달팽이의 방언이라고 되어 있지만 현지 사람들은 주로 등껍데기가 없는 달팽이, 즉 민달팽이를 가리켜 늘팽이라고 한다. '들팽이'나 '들피' 혹은 '틀팽이'라고도 한다.

조금 생뚱맞은 경우로는 경북 지방에서 부르는 '하늘염소'라는 말이 있다. 그렇게 이름을 붙인 이유가 있을 테지만 이유를 짐작하기가 참 어려운 말이다. 방언을 연구하는 국어학자들이 관심을 갖고 밝혀 주면 좋겠다. 달팽이와 가장 근접하면서 귀여운 느낌을 주는 말은 '달팡구리'(경북)이다.

물고기에 관련된 사투리

가마귀방석과 삼바리

바다 속에서 살며 조개 따위를 잡아먹는 불가사리는 별 모양 혹은 오각형의 형태를 하고 있다. 그래서 '오귀발'이라는 말이 불가사리를 가리키는 표준어로 사전에 올라 있다. 불가사리는 조개나 해조류를 먹이로 삼기 때문에 어민들은 그물이나 낚시에 불가사리가 걸려 올라오면 재수가 없다며 도로 바다에 버린다. 불가사리가 기승을 부리자 최근에는 아예 어민들끼리 불가사리를 채취하여 거름으로 만들기도 한다.

불가사리는 몸의 일부를 잘라내도 재생력이 강해서 다시 살아나는 특성을 지니고 있다. 그런 특성으로 인해 불가사리라는 말이 '불가살이不可殺伊'라는 한자말에서 왔다는 설도 있으나 확실치는 않다.

불가사리를 경남 지방에서는 '쌍바리' 혹은 '벨'이라고 한다. 제주 사람들이 불가사리를 가리키는 이름은 여러 가지가 있는데 다들 특이하다. 가마귀방석, 가마귀뭉게, 갈라짓뭉게, 물방석 등이 그렇다. 특히 가마귀는 까마귀를 가리키는 말이고 제주도에 유난히 까마귀가 많다는 걸 생각할 때 가마귀방석이나 가마귀뭉 게라는 이름이 붙게 된 유래가 있을 법한데, 확인할 만한 자료를 찾을 수가 없다. 까마귀가 바닷가로 떠밀려 온 불가사리 위에 내려앉은 모습을 보고 그런 이름을 붙인 게 아닐까 하는 상상을 해 볼 수는 있겠지만, 상상은 상상으로만 그칠 뿐이다.

불가사리를 북한에서는 '삼바리'라고 부른다. 이 말은 불가사리가 움직일 때 팔 두 개는 진행 방향의 뒤로 뻗고 세 개의 팔만 앞으로 뻗어 움직이는 모습에서 비롯된 게 아닌가 싶다. 한편 전남 지역에서도 산바리, 혹은 삼바리라는 이름을 쓴다고 한다.

흑산도에서 유배 생활을 했던 정약전은 『자산어보玆山魚譜』에서 불가사리를 단풍잎 모양을 닮았다 하여 '풍엽어楓葉魚'라 적고, 민간에서는 '개부전開夫殿'이라 부른다고 했다. 하지만 지금은 개부전이라는 말을 찾아보기 힘들다.

불가사리를 한자로는 바다의 별이라는 뜻의 '해성海星'이라고 하며, 영어로도 별과 관련된 '스타피쉬starfish' 또는 '씨스타sea star'라고 부른다. 모두 불가사리의 생김새에서 비롯된 이름이다.

028 구살과 퀴

우리가 흔히 '성게'라고 부르는 바다 생물은 '섬게'라는 이름도 가지고 있으며, 둘 다 사전에 표준어로 올라 있다. 성게는 생김새가 마치 밤송이를 닮았다. 그래서 강원도에서는 '바다밤송이'라고 부른다. 사전에는 강원도 방언으로 '준기'라는 독특한 이름으로 소개하고 있기도 한데, 널리 쓰이는 것 같지는 않다.

우리나라 바닷가에서 주로 잡히는 성게는 보라성게와 말똥성게, 분홍성게 등이며, 알을 식용으로 한다. 하지만 엄밀하게 따지면 알이 아니라 생식소에 해당하는 부분이다. 성게는 암수딴몸이며 성게의 생식소는 암수에 따라 각각 난소알을 만드는 장소와 정소정자를 만드는 장소로 나뉜다. 그런데 성게의 난소와 정소는 색깔에 약간의 차이가 있을 뿐 맛은 같다고 한다. 일본어로는 이 성게 생식소를 '우니うに'라 하고, 한자로는 운단雲丹이라고 쓴다. 우리나라 바닷가 사람들이나 일식집에서 간혹 우니, 운단, 은단 등으로 부르는 경우가 있다. 이 말이 성게 알을 가리키는

사투리라고 잘못 알고 있는 사람들이 많은데, 실은 일본 말인 셈이다. 성게 알이 일본으로 많이 수출되다 보니 거꾸로 일본 말이 우리나라에 들어와서 퍼진 것이다.

제주도에서는 성게를 '퀴'나 '구살'이라고 부르고, 그중 말똥성게는 '솜'이라고 부른다. 성게 알을 넣고 끓인 성게미역국을 퀫국이나 구살국이라고 부르는데, 제주 토속 음식으로 유명세를 얻고 있다. 구살국 중에서 조금 씁쓸한 맛이 나면 구살 대신 솜을 섞어서 끓인 것이라고 한다. 성게 알로 구살젓을 담가 먹기도 한다.

제주도 속담 중에 "메노리네 집에서 퀫국 먹엉, 똘네 집에 강 물맛 돌뎅 곤나"라는 게 있다. "며느리네 집에서 성겟국 먹어서 딸네 집에 가서 물맛 달다고 한다"는 뜻이다. 물맛이 단 이유는 그 전에 성겟국을 먹었기 때문인데, 며느리보다 딸을 예뻐하다 보니 딸네 집 물이 달다고 하는 시어머니의 못된 심사를 나타낸 속담이다. 이 속담은 시어머니에게만 국한된 것은 아니고 엉뚱한 곳에 가서 허튼 소리를 늘어놓는 경우에도 쓴다고 한다.

성게를 통영에서는 밤시, 밤시이 등으로 부른다. 밤송이 모양을 빗대어 붙인 이름이다.

029 굴봉과 버캐

석화石花, 즉 바다에서 자라는 굴을 가리키는 사투리는 많지 않다. 국어사전에 올라 있지 않은 '굴봉'과 '버캐' 정도가 바닷가 사람들이 쓰는 말이다.

> 갯 떠난 자식 생각하는가
> 갯바람에 얼굴 긁힌 노부부
> 밤 깊어가는데
> 굴봉 쪼는 소리
> – 이세기, 「소야도 첫눈」 중에서

이세기 시인은 인천 앞바다에 있는 문갑도가 고향이다. 그래서 그의 시에는 섬과 섬사람들이 많이 등장한다. 위 시에 나오는 '굴봉'은 인천 앞바다의 섬에 사는 사람들이 굴을 가리킬 때 많이 쓰는 말이다.

물 빠진 개펄에 조새를 든 여인들이

굴 버캐를 쪼면서 흩어진다

– 이윤학, 「드르니항」 부분

　위 시의 제목인 '드르니항'은 충남 안면도에 있는 항구다. 충남 바닷가 사람들은 굴을 '버캐'라고 부른다. 굴봉과 버캐는 모두 껍데기로 싸여 있는 상태의 굴을 말한다. 그리고 시에 나오는 '조새'는 굴을 따거나 까는 데 쓰는, 쇠로 만든 갈고리를 뜻하는 말로 표준어이다.

　요즘은 굴을 양식으로 많이 기르는데, 굴 생산이 가장 많은 곳은 경남 통영이다. 통영에 가면 '박신공장'이라는 특이한 이름의 공장들이 있다. 한자로 '박신剝身'이라고 쓰는데, 껍데기를 벗긴다는 뜻으로 이해하면 될 듯하다. 사전에 없는 말인 것으로 보아 일본에서 건너온 말이 아닌가 싶다. 박신공장은 굴 껍데기를 벗기는 공장이다. 굴 양식을 워낙 대규모로 하다 보니 그런 공장까지 들어서게 되었다.

　우리말로는 '굴장'이라는 게 있는데, 굴을 채취해서 모아 놓은 다음 껍데기를 까기 위해 임시로 지어 놓은 막사 같은 곳을 가리키는 말이다. 인천 만석부두에 갔다가 허름하게 늘어선 굴장들을 본 기억이 있다. 굴장 역시 사전에 나오지 않는 말이다.

꼼장어와 놀부

꼼장어 구이, 하면 소주 한잔이 절로 생각나는 사람이 많을 듯하다. 이 꼼장어를 사전에서 찾으려면 헛수고를 하기 마련인데, '꼼장어' 대신 '곰장어'가 표준어로 올라 있기 때문이다. 한동안 짜장면을 버리고 자장면으로 표기하도록 했다가 다시 짜장면을 되살린 것과 비슷한 사례가 아닐까 싶다. 사전에는 곰장어를 다음과 같이 풀이해 놓고 있다.

¶곰장어(-長魚): 1. '먹장어'를 일상적으로 이르는 말.
2. 〈동물〉'갯장어(갯장어과의 바닷물고기)'의 잘못.

지금은 꼼장어라는 말을 대부분의 사람들이 쓰고 있지만 본래는 부산과 경남 지역에서 쓰던 말로, 먹장어와 묵꾀장어를 함께 이른다. 먹장어와 묵꾀장어는 모두 꾀장어과에 속해서 색깔과 생태가 비슷하다고 한다.

부산 지역에서 꼼장어를 먹기 시작한 것은 일제 강점기 때부터 라고 한다. 꼼장어는 우리나라 동남쪽 바다에서 많이 잡히는데, 일제 강점기 때 질기고 부드러운 꼼장어 껍질로 가죽 제품을 만 드는 공장이 부산에 들어섰다. 이 무렵 일본인들이 껍질만 이용 하고 버린 몸통을 우리나라 인부들이 더러 구워먹기도 했다고 한 다. 이때만 해도 꼼장어 구이를 취급하는 가게가 없었는데, 해방 후 자갈치시장이 들어서면서 꼼장어를 구워 파는 좌판이 생기기 시작했다. 특히 한국 전쟁 당시 가난한 피란민들이 자갈치시장 에 들러 싸고 맛있는 꼼장어 구이를 안주 삼아 술을 마시기 시작 하면서 꼼장어가 인기를 끌게 되었다.

지금은 부산뿐만 아니라 전국 어디서나 꼼장어 구이를 맛볼 수 있는데, 그러다보니 수요에 비해 공급이 달려서 요즘은 꼼장어 를 수입하는 실정이라고 한다. 자장면이 다시 짜장면으로 부활 했듯이 곰장어도 꼼장어로 부활할 수 있기를 바란다. 이미 대부 분의 사람들 입에 굳어진 말을 버리라고 하는 건 이치에 맞지 않 다는 생각을 한다.

장어는 종류도 많고 그에 따라 부르는 이름도 무척 다양한데, 특이한 이름 하나만 소개하자면 꼼장어를 제주도와 추자도 등지 에서는 '놀부'라고 부른다는 사실이다. 왜 하필 그런 이름으로 부 르게 됐는지는 정확히 알려진 게 없다.

031 띠포리

35살의 주부 성모 씨는 띠포리를 손질하는 게 재미있을수록

띠포리가 줄어드는 만큼 불안 또한 커져 가는데

급기야 띠포리를 다 손질하지 않고 심심할 때마다

조금씩 아껴 손질할 생각까지 하게 되고

– 성미정, 「여보, 띠포리가 떨어지면 전 무슨 재미로 살죠」 중에서

    띠포리는 멸치처럼 생겼으나 크기가 훨씬 크다. 맛국물, 즉 요리용 국물을 내는 데 유용하게 쓰는 어류로 밴댕이 말린 것을 경남 지역 바닷가에서 흔히 이르는 말이다참고로 맛국물을 다시 혹은 다시 국물이라고 부르는 경우가 많은데, 다시는 일본 말이다. 멸치에 비해 값이 비싸며, 그만큼 멸치 국물보다 띠포리로 우려낸 국물이 더 산뜻하고 달다고 한다. 띠포리는 위에 소개한 시에 나온 것처럼 미리 대가리와 내장을 잘 발라내야 한다. 멸치를 다듬는 것과 마찬가지인 셈이다. 띠포리에 대해 자세히 설명한 기사를 살펴보자.

밴댕이와 비슷하게 생긴 생선이 멸칫과에 속하는 반지다. 청어과인 밴댕이와 너무 비슷하다. 모양새나 색깔로는 구분할 수 없다. 다만 반지는 위턱이 길고 밴댕이는 아래턱이 길다. 인천의 소래나 강화에서 봄에서 여름까지 즐겨 먹는 밴댕이가 반지인 경우가 많다. 이름도 헷갈리게 많다. 강화도에서는 풀반지, 풀반댕이, 반지 등을 모두 '밴댕이'라고 한다. 전라도에서는 밴댕이를 송어, 송애, 납데기라 부르고, 통영이나 거제 등 경상도에서는 '띠포리'라고 한다. 사전에는 '밴댕이'와 '반지'가 구분돼 있지만 실생활에서는 혼용되고 있다.

　　　　　　－「김준의 바다 맛 기행」(서울신문, 2014.7.3) 중에서

띠포리를 다른 말로 디포리, 딩포리, 뒤포리, 비포리 등으로 부르기도 한다. 등 뒤가 푸른색이어서 처음에 뒤포리라고 이름 붙인 데서 비롯되었다는 설이 있으나 확실치는 않다. 전라도에서는 납데기, 납자구 등으로 부르는 건 아마도 납작한 형태에서 따온 이름인 듯하다. 커다란 어물 가게나 슈퍼마켓에서 포장용 띠포리를 어렵지 않게 구할 수 있다. 띠포리가 전국에서 유통되고 있는 만큼 아예 표준어로 등재시켜도 좋겠다는 생각이 든다.

032 물텀벙

"아구찜에 소주 한잔 어때?"

애주가들 사이에서 흔히 들을 수 있는 말이다. 식당 간판에서도 아구찜, 아구탕 같은 말들을 쉽게 접할 수 있지만 아구의 표준어는 '아귀'이다. 그런데 실생활에서는 표준어인 아귀보다 '아구'라는 말을 훨씬 많이 쓴다. 이중모음인 'ㅟ'보다는 단모음인 'ㅜ'가 발음하기에 편리하기 때문이다. 정약전이 지은 『자산어보茲山魚譜』에는 아귀를 조사어釣絲魚라 하며, 속명으로 아구어餓口魚라 부른다고 했다. 이 아구어가 아귀로 변한 것이다

이 아귀를 인천에서는 '물텀벙' 혹은 '물텀벙이'라고 부른다. 아귀는 생긴 게 워낙 볼품없어서 어부들이 그물에 걸려오면 그대로 바다에 던져 버렸다고 한다. '물텀벙'이라는 말은 고기를 바닷물에 던질 때 "텀벙" 하는 소리가 나서 붙인 이름이라고 한다. 예전에는 아귀가 애물단지 취급을 받았는지 몰라도 지금은 많은 사람들이 찾는 맛 좋은 생선으로 대접받고 있다. 인천 용현동에 가면

물텀벙을 다루는 식당이 몰려 있어 '물텀벙이 거리'로 불릴 만큼 지역의 명물 역할을 하고 있다.

> 우리나라 어부들은 어딘가 낭만적이다
> 물텀벙 하면 어쩐지 허전하고
> 또 뭔가 도와주고도 싶지만
> 텀벙 텀벙 살아 돌아가며
> 그들은 얼마나 기뻐했을까
> – 이상국, 「물텀벙에 대하여」중에서

물에 다시 던져지는 바람에 "텀벙 텀벙" 살아 돌아가는 물고기의 기쁨을 그린 시이다. 이상국 시인은 강원도 출신인데도 '물텀벙'이라는 말을 썼다. 말이 그만큼 재미있기 때문일 것이다. 강원도와 경상도 바닷가 사람들은 아귀를 '물꿩'이라고 하거나 소리가 변해서 '물꽁'이라고 부르기도 한다. 맛이 좋아 물에 사는 꿩의 고기 같다고 해서 붙은 말이라는 설이 있다. 참고로 여름 철새인 물꿩이라는 이름의 새가 있는데, 그 새와는 아무런 관련이 없다.

물텀벙은 지역에 따라 아귀 말고 꼼치나 물메기 같은 생선을 가리킬 때 쓰기도 한다.

033 미주구리

가자미는 가자밋과에 속한 바닷물고기를 통틀어 이르는 말로, 몸이 납작하고 두 눈은 오른쪽에 몰려 붙어 있으며, 넙치보다 몸이 작다. 겨울철에 가장 맛이 좋다고 한다. 경북에서는 '가잠'이라고 하며, 경상도 전역에서 까지매기, 까지매이, 까깨미 등으로 부른다. 몸이 납작하다고 해서 경남 일부 지방에서는 납새미 혹은 납세미라는 이름을 붙여 주기도 했으며, 강원도에서는 자구미라고 한다.

경상도 지역에 가면 식당 간판에 '미주구리 물회'니, '미주구리 구이'니 하는 말이 붙어 있는 걸 볼 수 있다. 미주가리, 미주꾸리라고 부르기도 하는 미주구리는 상당수의 자료에서 물가자미의 경상도 방언이라고 소개해 놓고 있다. 하지만 이러한 소개는 정확하지 못하다.

일본 사람들이 물가자미를 가리키는 표준어는 '무시가레이'라는 말인데, 일부 지방에서는 '미즈가레이'라는 방언으로 부르기도 한다. 일본 말로 '미즈'는 물을 뜻하는 단어이다. 이 미즈가레이가 우리나라 어부들에게 퍼지면서 미주구리가 됐을 거라는 게 대체적인 정설로 되어 있다. 그런데 우리가 미주구리라고 부르는 물고기는 사실은 물가자미가 아니라고 한다.

독도수산연구센터는 기름가자미의 정확한 자원 상태를 파악하기 위해 동해안에 서식하는 주요 가자미류 12종의 형태 사진과 지역별로 달리 불리는 방언 그리고 식별할 수 있는 특징을 담아 포스터로 제작했다. 경북 지역의 유명한 먹거리인 미주구리회는 기름가자미회를 말한다. 이 또한 물가자미라 불리며 위판되고 있고, 상대적으로 참가자미는 용가자미, 문치가자미, 참가자미를 통칭해 위판되는 것으로 확인됐다.

동일 어종에 대해서도 지역별로 다르게 불리는 경우도 있는데, 경북 지역에서 기름가자미는 물가자미로 불리고, 강원 지역에서는 물가자미가 기름가자미로 불리고 있다.

– 세계일보, 2011.1.26

위 기사에 따르면 미주구리는 물가자미가 아니라 기름가자미인 셈이다. 잘못이 있다면 바로잡아야 하는데, 이미 널리 퍼진 말은 바로잡기가 쉽지 않다. 상인들에게라도 먼저 알려서 바로잡도록 하고, 이참에 일본에서 건너온 말이라는 사실도 함께 알리도록 하면 좋겠다.

034 박하지와 빨떡기

바다에 사는 게도 종류가 여러 가지이다. 그중에 꽃게 같은 좋은 이름을 두고 사람들이 하필이면 '돌게'라고 부르는 게가 있다. 하지만 이 말은 사전에 실려 있지 않다. 돌게를 가리키는 표준어는 '민꽃게'이다. 사전에 나온 민꽃게의 풀이는 다음과 같다.

¶민꽃게: 꽃겟과의 하나. 등딱지의 길이는 6센티미터, 폭은 9센티미터 정도이고 어두운 청색에 부드러운 털이 있고 앞 가장자리에는 여섯 개의 톱니가 있다. 집게발은 크고 긴 마디의 안쪽에 세 개, 발마디에 두 개의 톱니가 있다. 바닷가의 암초에 사는데 한국, 일본, 중국 등지에 분포한다.

민꽃게는 꽃게보다 조금 작고 등껍질이 딱딱하며, 민꽃게를 돌게라고 부르는 건 이들이 주로 돌 밑에서 살기 때문이다. 그래서 돌게는 주로 조수가 밀려 나갔을 때 돌 틈을 뒤져서 잡는다.

돌게는 꽃게와 마찬가지로 게장을 담아서 먹곤 한다. 전라도 사람들은 '게'를 이를 때 '기'로 발음하는 탓에 돌게를 흔히 '독기'라고 부른다.

> 미역을 한 줌 놓고 가시는 우편배달 아주머니. 웅도분교의 애로 사항을 살피고 특산물 굴을 주시는 이장님. 갓 잡은 박하지를 한 바구니 가지고 오셔서 바다 맛을 한바탕 선보인 윤아 어머니. 자연을 닮아 넉넉한 그곳 사람들의 인심은 우리 아이들에게 어떻게 살아가야 하는지 말하지 않아도 저절로 알게 한다.
> – 오왈순, 「바다가 보이는 도시락」(대전일보, 2014.8.13) 중에서

위 글에 나오는 '박하지'는 인천, 경기, 충남 바닷가 사람들이 민꽃게를 부르는 말이다. 부안 쪽에서는 '방칼기'라는 말도 쓰는데, 박하지가 변해서 된 말이 아닐까 싶다.

민꽃게를 전라도에서는 독기라고 하지만 '뻘떡기'라는 이름으로도 많이 부른다. 뻘떡기, 즉 민꽃게는 성질이 사나운 게로 알려져 있다. 이 게는 위험을 느낄 때 양 집게발을 펴며 벌떡 일어서서 방어 자세를 취하는데, 그러한 모습을 본떠서 뻘떡기라는 이름을 붙였다고 한다. 일부 지역에서는 민꽃게가 아닌 진짜 꽃게를 뻘떡기라고 부르기도 한다. 『자산어보玆山魚譜』에는 벌떡 일어서는 모습이 춤추는 것과 같다 하여 '무해舞蟹'라고 붙인 이름도 등장한다. 강화도에서는 '바구재', 충청도에서는 '청둥게', 충남 서천에서는 '바우지'라고도 부른다.

035 빠가사리

 '동자개'라는 이름을 가진 민물고기가 있다. 이름을 듣고는 어떤 물고기인지 고개를 갸웃거릴 사람이 많을 듯하다. 하지만 '빠가사리'라고 하면 그제서야 "아하!" 하면서 고개를 끄덕이게 될 것이다. 빠가사리는 동자개를 뜻하는 사투리이다. 사전에는 강원도의 방언이라고 되어 있는데, 충청도가 고향인 나도 어릴 적부터 들어온 이름이고, 여러 지방에서 흔히 쓰고 있는 말이다.

 동자개, 즉 빠가사리는 사전에 다음과 같은 설명이 붙어 있다.

 ¶동자개: 동자갯과의 민물고기. 몸의 길이는 25센티미터 정도이며, 잿빛 갈색 바탕에 반점이 있다. 가슴지느러미와 등지느러미에 가시가 있고, 입가에 네 쌍의 수염이 있으며 비늘은 없다. 한국, 일본, 중국 등지에 분포한다.

 빠가사리는 민물 매운탕 재료로 인기가 많다. 매운탕뿐만 아니라 찜이나 어죽 등으로 만들어 먹기도 하는데, 숙취 해소에 좋고 소변이 잘 나오도록 하는 역할을 한다고 한다.

사전에는 동자개의 방언으로 '빠가빠가'(강원), '자가사리'(강원) 등이 올라 있다. 그런데 '자가사리'는 빠가사리를 일컫는 방언으로 쓰이기도 하지만 그 자체로 다른 종의 물고기를 가리키는 이름이기도 하다. 사전에는 자가사리를 '퉁가릿과의 민물고기'라고 설명하고 있다. 그리고 자가사리는 조선 시대에 펴낸 서유구의 『난호어목지蘭湖漁牧』와 『전어지佃漁志』에 이름이 올라 있다. 빠가사리라는 이름은 동자개가 '빠각빠각' 소리를 내며 운다고 해서 붙인 이름이다. 사전에는 '동자개 따위가 가볍게 우는 소리'로 '빠그극'을, '동자개가 조금 빠르게 우는 소리. 또는 그 모양'을 뜻하는 '빠극'을 북한말로 올려 두고 있기도 하다. 강원도 사투리인 '빠가빠가' 역시 같은 의미로 붙인 이름일 터이다.

동자개에 비해 빠가사리가 널리 알려져 있다는 사실을 감안하면 이제는 빠가사리를 동자개와 함께 복수표준어로 삼아도 좋겠다는 생각을 한다. 우렁쉥이를 뜻하는 멍게가 방언 취급을 받다가 우렁쉥이 대신 멍게가 더욱 널리 쓰이게 되자 두 낱말을 복수표준어로 인정한 사례도 있으니 그리 어려운 일도 아니지 않겠는가.

036 삼식이와 삼숙이

예전에 누가 '삼식이 매운탕'을 먹으러 가자고 해서 생선 이름이 참 특이하다는 생각을 했다. 왜 생선에 사람 이름을, 그것도 촌스러운 시골 총각 같은 이름을 붙였을까 무척 궁금했다. 나중에야 삼식이의 원래 이름이 '삼세기'라는 걸 알고 고개를 끄덕인 기억이 있다.

삼세기는 사전에서 다음과 같이 설명하고 있다.

¶삼세기: 〈동물〉 삼세깃과의 바닷물고기. 쑤기미와 비슷한데 몸은 우둘투둘하며, 짙은 녹색 또는 녹색이고 옆구리에 검은 갈색의 가로띠가 있다. 등지느러미의 가시가 연하다.

삼세기는 온몸에 작은 가시가 많다고 해서 그런 이름이 붙었다고 한다. 거친 털이 많이 난 곤충인 '풀쐐기'처럼 쐐기라는 말을 붙여 '삼쐐기'라고 부르다가 차츰 '삼세기'가 되었을 거라는 풀이가 그럴 듯하다.

삼식이는 경기도와 전라도 바닷가 지방에서 주로 부르는 이름이고, 그밖에도 지역에 따라 수베기, 탱수, 꺽주기, 꺽쟁이 등 다양한 이름으로 불린다. 삼식이와 가장 통하는 이름은 무엇보다 강원도 지역에서 부르는 '삼숙이'라는 말이다. 삼식이와 삼숙이, 서로 참 잘 어울리는 이름이 아닐 수 없다.

삼세기는 아귀나 꼼치처럼 매우 못생긴 생선이라서 못난이 생선 삼형제라고 불리기도 한다. 그래서 그런지 '삼식이'라는 이름이 정겹게 다가오기도 한다. 하지만 생김새에 비해 맛은 일품이고, 회나 무침으로 먹기도 하지만 무엇보다도 매운탕 맛이 그만이다.

이영광 시인이 젊은 시절 동해에 갔을 때의 경험을 기록한 산문에 삼숙이가 등장한다.

그 바닷가 삼숙이 매운탕 집에서 "명태 잡이 불빛 한 척 띄워 놓고 갓 돋은 살 부비며 동해 전체가 운다"라거나, "아무것도 낳아 주지 않는 어머니/ 그저 영원히 사랑일 뿐인 그대"라거나, "여자여, 거대한 손을 펼쳐 소금처럼 익사한 나를 건져 놓아라" 따위의 구절들을 읊조렸는데, 어찌된 영문인지 돌아왔을 땐 영 딴 시가 나왔다.

– 이영광, 「원망스럽고 고마운」(『시인세계』, 2010년 가을호) 중에서

037 수루매와 이까

경상도와 제주에서는 오징어를 수루매 혹은 이까라고 부른다. 결론부터 이야기하면 이 말들은 일본에서 건너왔다.

일본에서는 오징어를 '이카いか,烏賊'라고 한다. 한자로 표기한 '오적烏賊'은 우리나라에서도 오징어를 옛날에 '오적어烏賊魚'라고 했으므로, 같은 계열의 말인 셈이다. 오징어에도 여러 종류가 있으므로 화살오징어는 야리이카やりいか, 붉은 빛깔의 무늬오징어는 아카이카あかいか, 갑오징어는 고이카こういか라고 부른다. 그중에 스루메이카するめいか라는 말이 있는데, 말린 오징어를 가리키는 말이다. 그런데 이 말에서 스루메만 떼어내서 오징어라는 뜻을 담아 수루매, 수리매, 수루미, 수레미 등으로 불렀다. 그러므로 어원을 따져 보면 수루매보다는 이까가 오징어를 가리키는 말에 잘 들어맞는다. 충남 쪽 바닷가에서는 수루메, 쓰레미, 쓰르메, 쓰리미 등의 말을 쓰는데, 역시 스루메에서 온 말일 것이다.

수루매는 혼자서 쓰이는데 반해 이까는 앞에 다른 말을 붙여서 여러 가지 형태의 말을 만들어 쓰기도 한다. 먼저 '꽁치이까'라는 말이 있는데, 꽁치의 한 종류로 오해하기 쉽다. 하지만 꽁치이까는 꽁치와 전혀 상관이 없으며, 새끼 오징어를 가리키는 말이다. 꽁치는 아마도 크기가 작다는 뜻으로 붙인 듯싶다. 제주에 가면 미수이까 혹은 미스이까, 미즈이까라고 하는 말을 들을 수 있다. 몸통에 붉은색 무늬가 있는 참오징어를 부르는 말이다. 일본에서는 이 오징어를 아오리이카라고 하는데, 후쿠오카 지방에서는 미즈이카라고 부른다고 한다. 그러므로 미수이까는 후쿠오카의 미즈이카를 들여온 말인 셈이다.

재미있는 말로는 '베이비까'라고 부르는 게 있는데, 갑오징어를 가리킨다. 베이비이까가 줄어들어 베이비까가 됐을 텐데, 갑오징어의 크기가 작다고 해서 아기를 뜻하는 영어의 베이비baby를 갖다 붙인 것이다. 영어와 일본 말을 합쳐서 만든 다국적 말이, 그 두 나라와는 상관이 없는 우리나라에서 쓰이고 있는 현상을 어떻게 해석해야 할지 난감한 마음이 들기도 한다. 일부에서는 베이비까 대신 '솔방울이까'라는 말을 쓰기도 한다. 그렇다면 반대로 흔히 대왕오징어라고 부르는 몸통이 큰 날개오징어는 뭐라고 할까? '대포이까'라는 말이 우리를 기다리고 있다.

일본에서 온 말이 아닌, 우리의 고유한 사투리는 없을까? 사전에는 경남의 오동애, 홀짓개, 각시기, 강원과 충청의 오중에, 제주의 민바구리가 올라 있다. 하지만 이런 말은 거의 사라지고 있는 형편이며, 현지에서는 '이까'가 훨씬 널리 쓰이고 있다.

038 올갱이와 골부리

우리나라 사람들에게 해장국은 참 친근한 음식이다. 특히 술을 좋아하는 사람들에게는 더욱 사랑받는 음식이기도 하다. 해장국은 재료에 따라 콩나물해장국, 황태해장국 등 여러 종류가 있는데, 올갱이해장국도 제법 사람들에게 널리 알려져 있다.

올갱이는 사전에 다슬기를 가리키는 충북 지방의 사투리라고 해 놓았다. 하지만 충북에서 태어난 나는 어릴 적에 우렁이를 올갱이라고 부르는 걸 듣고 자랐다. 그러므로 올갱이는 다슬기와 우렁이를 함께 이르는 말이라고 하는 게 맞다고 생각한다. 올갱이가 유명해지다 보니 괴산에서는 둔율 강변 일대에서 해마다 '둔율 올갱이 축제'를 열고 있기도 하다.

한편 올갱이해장국만큼 유명하지는 않지만 경북 지방에 가면 골부리국이라는 게 있다. 사전에는 골부리를 고둥과 우렁이를 가리키는 경북 지방의 방언이라고 해 놓았다. 다슬기와 고둥은 어떻게 다를까? 다슬기가 민물 생물을 가리킨다면 고둥은 민물과 바닷물에 사는 것들을 두루 일컫는 말이다. 골부리국은 다슬기를 넣고 끓여서 만든 국이다. 그러므로 올갱이국이나 골부리국이나 같은 음식을 가리키는 말인 셈이다. 골부리를 꼴부리라고도 하며, 고디 혹은 꼬디라 부르기도 한다.

안도현 시인이 한겨레신문에 연재한 〈안도현의 발견〉 중에 골부리를 다룬 글이 있다.

며칠 전에 경북 안동을 갔다가 안상학 시인을 만났다. '골부리냉채' 아니껴? 처음 듣는 이름에 끌려 삼복염천에 소줏집에 둘이 앉았다. 마늘과 붉은 고추를 잘게 다져 무친 다슬기가 한 접시 나왔고, 얼음이 동동 뜬 그릇에 다슬기를 우려낸 육수가 찰랑거렸다. 이 육수에다 다슬기를 두어 숟가락 넣고, 채 썬 오이를 넣고, 소금으로 간을 해서 떠먹으면 된다고 일러 주었다.

　– 안도현, 「골부리냉채」 중에서

다슬기를 전라도 지역에서는 대사리, 데사리, 대수리 등으로 부른다. 그러므로 전라도 지역에 가서 올갱이국을 먹고 싶으면 대사리탕을 시키면 된다.

경기도에서는 개우렝이, 고둘팽이라고도 부르며, 강원도에서는 물골뱅이, 올뱅이 등으로 부른다.

039 팔랭이와 깡개미

흔히 간재미라고 발음하는 '간자미'를 사전에서 찾으면 '가오리의 새끼'라고 나온다. 보통의 가오리보다는 크기가 작아서 그렇게 풀이를 한 모양이다. 하지만 바닷가 사람들이나 가오리를 잘 아는 사람들은 잘못된 풀이라고 말한다. 모든 생물이 그렇듯이 가오리도 노랑가오리, 상어가오리, 흰가오리, 목탁가오리, 전기가오리 등 종류가 여럿이다. 그중에서 노랑가오리와 상어가오리가 간자미에 해당하는데, 노랑가오리가 흔치 않기 때문에 대개는 상어가오리를 간자미라고 부른다는 것이다.

홍어와 비슷하게 생긴 간자미는 보통 회무침이나 찜을 해서 먹는다. 홍어보다 싸고 술안주 등으로 그만이어서 많은 사람들이 즐겨 먹는 음식이다. 바닷가 사람들은 간자미 대신 간재미라고 하며, 서해 바닷가에 가면 횟집마다 '간재미회무침'이라는 간판을 써 붙인 집을 어렵지 않게 만날 수 있다. 전남 신안군에서는 해마다 봄철에 간재미 축제를 열기도 한다.

간자미는 전라도에서 백령도에 이르기까지 서해안 전역에서 두루 잡힌다. 그래서 지역마다 부르는 이름이 조금씩 다르다. 충남에서는 주로 '갱개미'라는 말을 쓰는데, 그와 비슷한 말인 '갱갱이'는 충남과 전라도를 아우르는 지역에서 발견된다.

충남 홍성 출신의 이정록 시인이 충청도 사투리로 풀어 쓴 시에 갱개미가 등장한다.

> 조개는 혓바닥이 발바닥이여.
> 제발 혓바닥으로 노 젓지 말고 발품을 팔란 말이여.
> 갱개미 바람벽 쳐다보듯 멀뚱멀뚱
> 자작만 하지 말고 한잔 따라보랑게
> – 이정록, 「조개구이집에서」 중에서

간자미를 이르는 말 중에 무엇보다 재미있는 말은 '팔랭이'이다. 팔랭이는 서해 앞바다에 있는 백령도와 대청도 등지에서 간자미를 부르는 이름이다. 간자미가 수족관 안에서 헤엄칠 때 팔랑팔랑 움직인다고 해서 그 모양에 따라 붙인 이름이라고 한다. 귀여운 정감이 묻어나는 이름이 아닐 수 없다.

경상도 쪽에서는 간자미를 '가부리', 홍어를 '나무가부리'라고 부른다.

040 피데기와 하루바리

서양에서는 오징어를 안 먹는다고 하는데, 우리나라 사람들은 오징어를 즐겨 먹는다. 회로도 먹고, 국이나 찌개에 넣어서 먹고, 그냥 말려서 먹기도 한다. 특히 마른오징어는 사촌 격인 한치와 함께 맥주 안주로 인기가 많은 편이다.

그런데 언제부터인가 '피데기'라는 말이 널리 퍼지게 되었다. 피데기는 반건조한 오징어를 가리키는 경상도 사투리이다. 상품이 될 만한 물 좋은 오징어는 내다 팔고, 그렇지 못한 것들을 하루 정도 간단히 말려서 식구들끼리 먹던 데서 반건조 오징어가 시작됐다고 한다. 하지만 지금은 마른오징어보다 피데기가 더 맛있다면서 일부러 찾는 사람들이 많아졌고, 맥반석 피데기 등 인기 있는 상품으로 개발되어 팔리고 있다. 고을에 따라 피드기, 삐드기 등으로 부르기도 한다.

피데기라는 명칭은 어떻게 해서 붙게 됐을까? 오징어를 가리키는 피둥어꼴뚜기라는 말에서 온 것일 거라고 하는 사람들도 있지만 그렇게 볼 만한 근거가 명확치 않다. 경상도 사투리로 '피득 피득하다'라는 말이 있는데, 딱딱하게 바짝 마르지 않고 수분기가 좀 남아서 꾸들꾸들한 상태를 뜻한다. 그러므로 피데기는 피득피득한 상태를 가리키는 말로 쓰기 시작했다고 보는 게 더 설득력이 있다.

피데기를 울릉도에서는 '하루바리'라고 부른다. 말리는 데 하루면 된다고 해서 붙인 이름이다. 널리 퍼진 말은 아니지만 일부 맥줏집에서 하루바리라는 이름으로 반건조 오징어 안주를 개발해서 팔기도 한다. 오징어를 배 안에서 말리는 경우도 있지 않을까? 바다에서 오래도록 생활하다 보면 육지로 나와서 말리는 것보다 그게 더 빠를 수도 있을 테니까. 강릉에 가면 '배찡'이라는 말이 있는데, 배에서 말린 오징어를 가리키는 말이다.

반건조 오징어를 가리키는 표준어는 없다. 대신에 피데기라는 말이 경상도를 넘어 전국으로 퍼져 있다. 그렇다면 이참에 피데기를 표준어로 올리는 것도 괜찮겠다는 생각이 든다. 현실에 엄연히 존재하고 있는 사물에게 그에 걸맞는 적절한 이름을 붙여 주지 못한다면 그것도 부끄러운 일이 아니겠는가.

041 호루래기

경남 지방에서는 오징어나 한치의 새끼를 '호래기' 혹은 '호루래기'라는 이름으로 부른다. 일부에서는 꼴뚜기를 가리키는 이름이라고도 하고, 엄연히 서로 다른 종이라고도 한다. 지역 사람에 따라 정확히 어떤 바다 생물을 가리키는 말인지 조금씩 견해가 다르다. 생김새에 따라 호래기를 다시 참호래기와 통호래기로 나누기도 한다.

> 거제에서는 마름모꼴 모양의 지느러미가 몸통의 절반 정도를 차지하는 반원니꼴뚜기를 참호래기, 지느러미가 다소 작은 여타 꼴뚜기들을 통호래기라고 칭하기도 한다.
> – 거제신문, 2013.12.17

겨울이 되면 통영이나 거제 등지로 호래기 낚시를 즐기러 가는 사람들이 많다. 호래기는 크기가 작기 때문에 한 번에 100~200

마리씩 잡기도 하며, 그렇게 잡은 호래기를 넣어 즉석에서 끓인 호래기라면이 낚시꾼들에게 인기를 끌고 있다고도 한다.

　호래기는 무침으로 해 먹거나 살짝 데쳐서 먹기도 하지만, 그냥 회로 먹는 경우가 많다. 머리 쪽에 있는 척추 뼈를 뽑고 내장과 눈알까지 통째로 먹는 맛이 일품이라고 한다.

　마산 어시장에서 생선 장수를 하며 시를 쓰는 성윤석 시인이 펴낸 시집 『멍게』에는 다양한 해산물이 등장하는데, 거기에 '호루래기'도 함께 끼여 있다.

　　고양이 울음소리를 내고 나는 밤이면 냉동 창고 위 다락으로

　　기어 올라가 잤다 잠수기 어업조합 조합원들은 이제 잠수하지

　　않고 먼 바다 먼 섬에서 온 배들에게서 신물 어패류를 사다

　　팔았다 여름이면 호루래기가 온다고 했다 올 여름에 나는 호루래

　기를

　　먹고 그 배를 타보고 싶어졌다 바다 생선 배들이 가는 대서양을

　　　– 성윤석, 「유월」 중에서

　시에서는 "여름이면 호루래기가 온다고 했"지만, 그보다는 가을부터 겨울 사이에 더 많이 잡히며 맛도 그 무렵이 더 좋다고 한다. 호래기와 호루래기는 둘 다 사전에 올라 있지 않은 말이다.

042 횟대기

삼세기와 비슷하게 생긴 생선 중에 '횟대'라는 게 있다. 몸의 길이는 20~30센티미터이고 원통 모양이며 갈색인데, 머리에 가시가 있고 입이 큰 생선이다. 날개횟대, 대구횟대, 빨간횟대, 눈퉁횟대 등 여러 종류가 있다. 이중 대구횟대는 대구라는 도시와는 관련이 없고 입이 크다고 해서 '대구大口'라는 말이 앞에 붙었다. 횟대의 다른 이름으로 부르는 말인 '두부어杜父魚'가 사전에 실려 있기도 하다.

횟대는 동해안에서 많이 잡히는 물고기로, 지역에 따라 회, 회또기, 홀데기, 횟대기, 햇대뿌리 등 다양한 이름으로 부른다. 강원도와 경북 북부의 바닷가 지역에 가면 '밥식해'라는 음식이 있다. 식해食醢는 생선에 약간의 소금과 밥을 섞어 숙성시킨 식품을 말하는데, 함경도의 가자미식해가 특히 유명하다. 동해안의 밥식해는 고을마다 사용하는 생선이 조금씩 다른데, 횟대를 사용하는 경우가 많다고 한다.

산 끝자락

모퉁이 슬레이트 지붕

앞마당엔 얼기설기 찢어진 그물망 위에

노가리 횟대기 서너 마리 널려 있던

복연이네 집

　- 이동순, 「계구석 가는 길」 앞부분

　이동순 시인은 동해안의 묵호 항구를 배경으로 쓴 시편만을 모아서 『묵호』라는 시집을 냈다. 위 시의 제목에 나오는 '계구석'은 묵호에 있는 지명으로, 옛날에 게가 많이 모여들던 곳이라고 해서 붙은 이름이라고 한다. 계구석에서 묵호 등대 쪽으로 가는 길을 계구석길이라고 한다.

　시 안에 횟대의 사투리인 횟대기가 나온다. 동해안 바닷가에서는 횟대기를 널어 말리는 풍경을 쉽게 볼 수 있다. 그만큼 횟대기가 동해안 사람들에게 친숙한 물고기 중의 하나임을 알 수 있다.

먹을거리를 가리키는 사투리

043 깜밥

우리나라 사람들에게 누룽지는 퍽 친근한 먹을거리이다. 어릴 적에 솥 바닥에 눌어붙은 누룽지를 긁어 먹던 추억 하나쯤 없는 사람이 어디 있겠는가. 그래서 요즘은 아예 누룽지를 대량으로 만들어 상품으로 판매하고 있기도 하다.

누룽지가 들어가는 말로 엿누룽지와 물누룽지가 있다. 엿누룽 지는 엿을 골 때에, 솥에 눌어붙어 누룽지같이 된 것을 뜻하며, 물누룽지는 숭늉 속에 들어 있는 누룽지나 눌은밥을 가리키는 충 북 지방의 사투리라고 한다. 그리고 '기껏 요구하는 것이 너무나 하찮은 것임을 비유해서 이르는 말로 '평생소원이 누룽지'라는 속담도 있다.

전북 남원 출신의 복효근 시인이 전라도 사투리를 끌어들여 쓴 시에 다음과 같은 작품이 있다.

올 어머이 서늘헌 욕 덕택에

가매솥에 깜밥 눌데끼 몰라가던 밭두덕

어린 고추모종들이

섬닷헌 대로 알탕갈탕 일어서덜 않았것어

– 복효근, 「푸르른 욕」 중에서

위 시에 나오는 '깜밥'은 솥 바닥에 눌어붙은 밥, 즉 누룽지를 뜻한다. 깜밥은 전라도뿐만 아니라 충남과 강원도 등지에서도 폭넓게 사용되며, 지역에 따라 '감밥'이나 '강밥' 등으로 불리기도 한다. 충남에서는 강개와 눙지, 경북에서는 누렁거지, 강원도에서는 누룽거리, 전남에서는 눈밥이라는 말도 쓴다고 한다.

'섬닷헌'은 뭔가 좀 부족하거나 어설플 때 쓰는 말이다. 그리고 '알탕갈탕'은 몹시 힘에 겨운 일을 이루려고 갖은 애를 쓰는 모양을 가리키는 '애면글면'의 전라도 사투리이다.

여기서 잠깐 '누룽지'와 '눌은밥'을 구분하고 넘어가자. 솥 바닥에 눌어붙은 밥은 '누룽지'라 하고, 솥 바닥에 눌어붙은 밥에 물을 부어 불려서 긁은 밥은 '눌은밥'이라고 한다. 간혹 둘을 혼동하거나 섞어서 쓰는 사람들이 있는데, 엄연히 서로 다른 말이다. 북한에서는 눌은밥을 '가마치'라고 한다. 가마솥에서 비롯된 말로 보인다.

044 꽁당보리밥

보리로만 지은 밥을 '꽁보리밥'이라고 한다. 이 말은 '강보리밥'에서 왔을 터이다. '강'은 "다른 것이 섞이지 않고 그것만으로 이루어진"의 뜻을 더하는 접두사이다. 눈도 오지 않으면서 매서운 추위를 '강추위'라고 한다든지, 안주 없이 술만 마시는 걸 '강술'이라고 하는 경우에 쓰는 말이다. 이 강을 사람들이 소리 낼 때 '깡'으로 발음하기도 하는데, 예를 들면 "깡소주를 마신다"고 하는 말을 자주 들어 보았을 것이다. 그런 이유로 미루어 짐작해 볼 때 강보리밥이 깡보리밥으로 변했다가 다시 꽁보리밥이 됐을 것이다.

> 꼬꼬댁 꼬꼬 먼동이 튼다.
> 복남이네 집에서 아침을 먹네.
> 옹기종기 모여 앉아 꽁당보리밥.
> 꿀보다도 더 맛좋은 꽁당보리밥.

보리밥 먹는 사람 신체 건강해!

어른들 중에는 위 노래를 기억하는 사람이 많을 것이다. 아마도 식량이 부족하던 1960~70년대에 혼분식을 권장하느라고 만든 노래였을 텐데, 가락이 흥겹고 노랫말이 재미있어서 여럿이 함께 부르곤 했다. 사실 말이 권장이지 강제나 다름없었는데, 점심시간마다 도시락 검사를 해서 보리가 섞이지 않은 도시락을 싸온 아이들은 벌을 받아야 했다. 심지어 1970년에는 식품위생법 조항에 쌀을 먹지 않는 날인 '무미일無米日'을 만들어 시행하기도 했다. 그래서 음식점에서는 매주 수요일과 토요일 점식 식단에는 쌀밥을 판매할 수 없었다.

우리나라 동요라고 알기 쉬운 위 노래는 사실 프랑스 민요에 우리말 가사를 얹은 것이다. 아쉽게도 가사를 지은 사람이 누군지는 알려지지 않았다. 본래 이 노래는 프랑스 민요에 동요 작가 윤석중이 "다 같이 돌자 동네 한 바퀴/아침 일찍 일어나 동네 한 바퀴"라는 가사를 붙여 〈동네 한 바퀴〉라는 제목으로 부르던 동요였다.

이 노래에 나오는 꽁당보리밥은 꽁보리밥을 가리키는 말로, 사전에는 경상도 방언이라고 나와 있다.

045 느름국과 콧등치기

　"산허리는 온통 모밀밭이어서 피기 시작한 꽃이 소금을 뿌린 듯이 흐붓한 달빛에 숨이 막힐 지경이다."

　이효석의 단편 「메밀꽃 필 무렵」에 나오는 유명한 구절이다. 위에 나온 것처럼 메밀은 예전에 '모밀'로 부르다가 지금은 '메밀'이 표준어가 되었다. 이효석이 처음에 작품을 발표할 때의 제목도 「모밀꽃 필 무렵」이었다. 메밀은 지역에 따라 메물, 뫼물, 미물, 며물, 모믈 등으로 불리며, 경남에서는 장밀이라고 한다.

　메밀은 주로 가루를 내어 국수를 해 먹는다. 춘천 하면 닭갈비와 막국수를 떠올리게 되는데, 막국수는 사전에 "겉껍질만 벗겨낸 거친 메밀가루로 굵게 뽑아 만든 거무스름한 빛깔의 국수"라고 나온다. 보통은 그냥 메밀국수라고 하는데, 막국수가 차게 해서 먹는 국수라면 메밀국수는 온면과 냉면 모두를 아우르는 말이다.

　메밀로 만든 국수 중에 정선에 가면 '콧등치기'와 '느름국' 혹은

'느릉국'이라고 하는 게 있다. 콧등치기는 국수를 후루룩 삼킬 때 면발이 콧등을 치기 때문에 붙은 이름이다. 강원도 정선에 사는 강기희 소설가가 그 지역 음식점 주인의 말을 취재한 바에 따르면, 시인이자 〈정선아리랑연구소〉를 운영하고 있는 진용선 씨가 20여 년 전에 처음 '콧등치기'라는 이름을 붙이고, 그 후 신문이나 잡지에서 그 말을 받아쓰면서 널리 알려지게 됐다고 한다.

콧등치기가 차게 해서 먹는 음식이라면, 느름국은 칼국수처럼 따뜻하게 끓여서 먹는 음식이다. '느름'이라는 말은 반죽을 눌러서 만든 데서 비롯됐다는 설이 있으나, 어원이 분명치는 않다. 콧등치기가 됐건, 느름국이 됐건 메밀이 없었다면 탄생하지 않았을 이름이다. 메밀은 예로부터 성질이 차며 맛은 달고 독이 없어서 장과 위를 튼튼하게 한다고 했다. 그리고 메밀껍질을 베개 속에 넣으면 통풍이 잘 되는데다 찬 성질 때문에 머리를 차게 유지시켜 줌으로써 뇌와 눈이 맑아지게 한다고 한다.

한편 '메밀꽃'에는 '메밀의 꽃'이라는 뜻 말고도 "파도가 일 때 하얗게 부서지는 물보라를 비유해서 이르는 말"이라는 뜻도 지니고 있다.

돔배기

    다른 지방과 달리 경북 지방에서 제사상에 빠지지 않고 오르는 제수 중의 하나가 돔배기이다. 사전에는 '돔배기'를 "돔발상어의 방언(경북)"이라고 풀이해 놓았다. 하지만 현지에서는 상어를 도막 낸 고기를 통칭해서 이르는 말로 돔배기를 사용한다. 돔배기 요리는 찜이나 무침도 있지만 보통은 산적을 해서 제사상에 올린다. 흔히 도막을 내서 먹는다고 하여 돔배기라는 말을 붙였다고 하는데, 어원이 확실치는 않다.

    돔배기에도 종류에 따라 맛과 가격의 차이가 있으며, 현지 상인들에 따르면 귀상어로 만든 '양재기'를 최상품으로 친다. 청새알이라고도 부르는 청상아리로 만든 '모노'를 그 다음으로 치고, 악상어로 만든 '준다리'가 하품에 해당한다. 그러므로 양재기, 모노, 준다리를 모두 일컬어 돔배기라고 하는 셈이다. 몸통을 먹고 남은 돔배기 껍질은 물, 고명과 함께 솥에 넣어 묵처럼 굳게 해서 초간장이나 초고추장에 찍어 먹었는데, 이를 '두투머리'라고 부르기도 한다. 돔배기라는 말은 다른 지방에도 더러 알려져 있지만 양재기, 모노, 준다리, 두투머리 같은 말들은 그 지역 사람들이 아니면 알기 힘든 말이다.

경북 지방에서도 영천의 돔배기가 가장 유명하며, 영천에 가면 돔배기를 파는 가게가 무척 많다. 영천에서 과수 농사를 지으며 살고 있는 이중기 시인의 시에 돔배기가 나온다.

> 자식 농사가 어려운 시절이라고
> 조상 건사도 참 버거운 세월이라며
> 돔배기를 안주로 음복술에 취할 무렵,
> 해동청 보라매 한 마리 두 마리 세 마리
> 고딕으로 치솟았다 내리 박힌다
> – 이중기, 「산에서 뉘우치다」 중에서

영천에 가면 돔배기 시장을 들러 보라는 말이 있을 정도로, 독특한 볼거리를 제공한다. 돔배기는 상어 고기를 천일염으로 간을 해서 저장하는데, 영천에서는 염장법이 잘 발달되어 있어 영천 돔배기가 더욱 유명해졌다고 한다.

047 떰북장, 빠금장, 씨금장

청국장과 담북장은 같은 걸까 다른 걸까? 사전에서는 두 단어를 각각 다음과 같이 풀이해 놓았다.

¶ 청국장 : 1. 장의 한 가지. 삶은 콩을 더운 방에 띄워 반쯤 찧다가 소금과 고춧가루를 넣어 주로 찌개를 끓여 먹는다. [비슷한 말] 담북장. 2. [같은 말] 담북장(2. 메줏가루에 쌀가루, 고춧가루, 생강, 소금 따위를 넣고 익힌 된장).

¶ 담북장 : 1. [같은 말] 청국장(1. 장의 한 가지). 2. 메줏가루에 쌀가루, 고춧가루, 생강, 소금 따위를 넣고 익힌 된장.

위의 풀이를 대조해 보면 두 낱말이 서로 같은 장을 나타내는 말로도 쓰고, 서로 다른 장을 나타내는 말로도 쓰인다는 걸 알 수 있다. 다소 혼란스럽기는 하지만, 사람들이 그렇게 쓴다면 어쩔 수 없는 일이기는 하다. 청국장, 혹은 담북장과 비슷하게 쓰이는 말들을 살펴보자.

사전에 '뜸북장'이라는 말이 올라 있는데, 풀이를 "담북장의 북한어"라고 해 놓았다. 하지만 뜸북장은 강원도와 경상도를 중심으로 널리 퍼져 있는 말이다. 아마도 담북장이 변해서 된 말일 것이다.

'빠금장' 혹은 '빠개장'이라고 부르는 것도 있다. 충남 천안을 중심으로 해서 만들어 먹던 장 이름이다.

집집마다 빠금장은 만드는 방법이 조금씩 달랐다. 그러나 곱게 빻아낸 메줏가루에 고춧가루와 양파 등을 넣어 국간장으로 간을 해 부뚜막에서 2, 3일 띄워 내는 방법은 동일했다.
– 〈영양학자 김갑영의 우리 음식 이야기〉(문화일보, 2013.3.6) 중에서

마지막으로 '시금장'이라는 것에 대해서도 알아보자. 시금장은 경북 지역에서 주로 보리의 속겨로 만들던 장이다. 그래서 '등겨장등계장'이라고도 한다. 메주를 만들어 왕겨 속에 묻어 구운 다음 매달아 말리고 띄운다. 된장이나 고추장이 떨어질 무렵인 봄철에 며칠 안에 비교적 간단히 발효시켜 먹던 장이라고 한다. 경남에서는 '개떡장'이라고도 한다.

048 망개떡

망개나무는 갈매나무과에 속하는 식물로 약 15미터 높이로 자라는 나무이다. 세계에서도 보기 드문 나무라고 하며 우리나라에서는 천연기념물로 지정하여 보호하고 있다. 그런 귀한 나무인데, 속리산 법주사 앞에 있는 망개나무는 껍질을 벗겨 달인 물을 먹으면 아들을 낳을 수 있다는 잘못된 믿음 때문에 너도나도 껍질을 벗겨 가는 바람에 그만 죽고 말았다는 얘기도 있다.

천연기념물인 망개나무 말고 다른 망개나무가 또 있다. 경상도 지역에서는 청미래덩굴을 '망개나무'라고 부르고 있기 때문이다. 그래서 망개나무라고 할 때는 둘을 잘 구분해야 한다. 청미래덩굴은 이름에서 알 수 있는 것처럼 교목이 아니라 덩굴 식물로 중부 이남 지방의 양지 바른 산기슭에서 주로 자란다.

청미래덩굴은 쓸모가 많은 식물이다. 우선 뿌리는 토복령土茯苓이라고 하여, 열을 내리게 하고 해독解毒 능력이 뛰어나서 고혈압과 매독 치료 등에 좋다고 알려져 있다. 최근에 청미래덩굴 잎을 말려서 담배처럼 피우면 금연 효과가 있다고 하는 말이 떠돌고 있으나 정확한 효과를 확인할 길은 없다.

청미래덩굴의 어린잎은 데쳐서 나물로 먹으며, 조금 큰 잎은 떡을 만드는 재료로 사용한다. 찹쌀가루를 쪄서 절구에서 차지게 될 때까지 찧은 다음 방망이로 얇게 밀어서 찰떡을 만든다. 그런 다음 팥소와 계핏가루, 설탕, 꿀 등을 넣고 반달이나 사각 모양으로 빚는다. 이렇게 만든 떡을 두 장의 청미래덩굴 잎 사이에 넣어 김이 충분히 오른 찜통에 넣고 다시 찐다. 이렇게 만든 떡을 '망개떡'이라고 한다. 청미래덩굴 잎으로 떡을 싸면 좋은 향이 배기도 하거니와 여름에도 잘 상하지 않는다고 한다. '의령 망개떡' 같은 경우 지역 특산품으로 널리 알려진 편이다.

충남에서는 망개잎떡 혹은 명가잎떡이라고 하며 경남에서는 망게떡이라고도 한다. 그리고 청미래덩굴의 열매인 망개를 지역에 따라 맹감, 명감 등으로 부르기도 한다.

049 멀국

 우스개 삼아 '황우도강탕黃牛渡江湯'이라고 부르는 음식이 있었다. 실제 탕 이름은 아니고, 군대에서 고기는 없고 국물만 들어 있다고 해서 누군가 재미 삼아 붙인 이름이다. 말 그대로 국물 속으로 황소가 건너가기만 했다는 뜻을 담고 있는 말이다. 우리나라 음식은 국이나 탕 같은 음식이 발달했다탕은 국의 높임말이다. 국은 내용물도 중요하지만 대체로 얼큰하거나 시원한 국물이 맛을 좌우한다. 물론 아무리 국물이 좋다고 해도 내용물이 없는 황우도강탕처럼 돼 버리면 그 또한 문제다.

 국이나 찌개 따위의 음식에서 건더기를 제외한 물을 뜻하는 국물을 사투리로는 '멀국'이라고 한다. 흔히 충청도 사투리라고 알려져 있지만 전라도에서도 많이 쓰고 있으며, 경상도에서도 사용한 예가 발견된다. 경북 칠곡 지방에서 채록한 〈모심기 노래〉에도 '멀국'이 나오는 것으로 보아, 경북 지방에서도 같은 말을 썼음을 알 수 있다.

징개 망개 넓은 들에 점심참이 늦어가네

이 정지 저 정지 밟다보니 점심참이 늦어갔네.

풍당풍당 찰수제비 사위 상에 다 올랐네.

요놈의 할마이 어데 가고 딸을 동자시켰던고.

주인 양반 제쳐놓고 멀국 먹기 더욱 섧네.

　- 경북 칠곡의 〈모심기 노래〉 중에서

　위 노래에 나오는 '징개 망개'는 김제 만경 평야를 말한다. 만경 평야가 워낙 넓은 곡창 지대이다 보니 경상도 지역까지 퍼져 가서 노랫말에 담기게 된 모양이다. 그리고 '동자'는 밥 짓는 일을 뜻하는 우리말이다. "날이 샐 무렵에 밥을 지음. 또는 그런 일"을 뜻하는 '새벽동자'라는 말도 사전에 올라 있다.

　멀국을 '말국'이라고도 하는데, 멀국은 '멀건 국', 말국은 '말간 국'에서 왔을 것이다. 경남 지방에서는 '물국'이라는 말을 쓰기도 한다. 사전에는 물국을 '고기 국물'을 뜻하는 경남 방언으로 소개하고 있다.

050 뭉생이, 몽생이, 투생이

　사전에 '몽생이'라는 말이 나오는데, '버무리떡쌀가루에 콩이나 팥 따위를 한데 버무려 찐 떡'의 강원도 방언이라고 풀이해 놓았다. 그런데 현지에서는 몽생이보다 '뭉생이'라는 말을 더 많이 쓴다. 몽생이는 오히려 망아지를 뜻하는 제주도 사투리로 더 알려진 편이며, 향토 음식을 소개하는 책자에서도 대개 '뭉생이'라는 표기를 쓴다.

　뭉생이 혹은 뭉생이떡은 쌀가루를 이용하는데, 쌀 대신 감자를 이용하면 감자뭉생이가 된다. 감자뭉생이는 감자를 갈아서 만든 건더기와 가라앉은 앙금을 섞은 다음 강낭콩과 밤을 넣고 소금 간을 하여 버무려서 시루에 넣고 찐다. 감자의 고향답게 그냥 뭉생이보다 감자뭉생이가 더 강원도다운 음식이라고 하겠다. 한편 강원도는 감자와 함께 옥수수가 많이 생산되는 덕에 옥수수 가루를 이용한 찰옥수수뭉생이도 향토 음식 사전에 함께 올라 있다.

　뭉생이 말고 '붕생이'라는 말도 있다. 붕생이는 밀이나 보리 등을 맷돌에 2~3회 거칠게 갈아서 체로 쳐서 걸렀을 때 남은 알맹이를 가리키는 말이다. 감자붕생이 혹은 밀붕생이라고 부르는 음식이 있으며, 통밀가루를 거칠게 갈아 감자 위에 얹어 찐 떡이다. 다 익으면 밑에 있는 감자를 으깨서 함께 섞어 먹는다. 밀을 강조하면 밀붕생이, 감자를 강조하면 감자붕생이가 되는 셈이다. 정선 지방에서 주로 해 먹었다고 한다.

뭉생이, 붕생이와 함께 '투생이'라는 게 또 있다. 뭉생이와 붕생이가 시루에다 쪄내는 떡이라면 투생이는 감자 건더기에 녹말가루를 섞어 적당한 크기로 떼어낸 다음 밥솥에 넣고 찐다. 감자투생이와 함께 귀리투생이가 있는데, 귀리 가루를 반죽하여 솥에 쪄낸다. 그냥 귀리 반죽만 쪄서 먹기도 하고 밑에 감자를 함께 쪄서 먹기도 한다. 서로 비슷하면서 조금씩 차이가 있음을 알 수 있다. 경우에 따라 뭉생이와 붕생이, 투생이를 구분 없이 섞어 쓰기도 한다.

경기도 연천에는 '즘떡'이라는 게 있는데, 감자붕생이와 비슷한 음식이다. 찐 감자에 삶은 팥과 강낭콩을 넣고 밀가루 반죽을 하여 수제비처럼 떼어 넣어 익힌 떡이다.

051 박산과 강밥

사전에서 '튀밥'을 찾으면 다음과 같은 세 가지 풀이가 나온다.

1. 찰벼를 볶아 튀긴 것. 유밀과油蜜菓에 붙이기도 한다.
2. 튀긴 쌀.
3. 튀긴 옥수수.

튀밥은 군것질거리로 그만이다. 그래서 어릴 적에는 동네마다 튀밥을 튀기는 장수가 오면 집집마다 쌀이며 옥수수 따위를 들고 나섰다. 내용물을 기계에 넣고 밑불을 때며 한참을 돌리다가 입구를 열면 "뻥!" 소리를 내며 튀겨진 알갱이들이 튀어나온다. 그렇게 튀긴 튀밥을 가져다가 심심할 때마다 한 주먹씩 집어서 입 안으로 밀어 넣곤 했다. 튀밥을 '뻥튀기'라고도 하는 건, 튀길 때 나는 뻥 소리를 가져다 만든 말이다. 요즘은 튀밥보다 뻥튀기라는 말을 더 많이 쓰는 편이다.

튀밥의 재료는 보리와 누룽지까지 다양하지만 가장 많이 튀기는 건 역시 쌀과 옥수수이다. 그래서 쌀을 튀긴 것과 옥수수를 튀긴 것의 이름이 다른 경우가 많다. 그리고 튀밥을 뜻하는 사투리는 주로 강원도 지방에 많이 분포되어 있다.

쌀을 튀긴 것은 쌀박산, 쌀광밥, 쌀광젱이 등으로 부르고 옥수수를 튀긴 것은 강젱이, 광재이, 광밥, 광정, 토배기, 포데기, 박산 등으로 부른다. '박산'과 '광밥'이 그중 널리 퍼져 있고, 광밥은 변해서 깡밥으로 부르기도 한다. 그리고 사전에는 튀밥을 뜻하는 강원도와 경남의 방언으로 '박산'을 올려놓고 있지만 현지에서는 '박상'으로 발음하는 경우가 많다. 박산은 아마도 한자말인 '박산薄饊'에서 왔을 것으로 짐작된다. 박산薄饊은 유밀과를 가리키거나 "꿀이나 엿에 버무린 산자밥풀, 튀밥, 잣, 호두를 틀에 굳혀 내어 얇게 썬 과자"를 뜻하는 말이다. 이 말이 퍼지는 과정에서 튀밥으로 뜻이 변이를 일으킨 듯하다.

강원도 봉평 출신의 이영춘 시인이 봉평 사람들의 삶을 시로 풀어내서 펴낸 『봉평 장날』이라는 시집을 펼쳐 들면 거기에 '광밥'이 등장한다.

간식거리라곤 없었던 산골에서 한겨울이면 늘 광밥을 튀겨 오시던 어머니

– 이영춘, 「광밥」 중에서

052 숨두부와 조푸

    우리나라 사람들이 즐겨 밥상에 올리는 반찬 중의 하나가 두부 요리이다. 두부는 지금부터 약 2,200년 전인 중국 한나라 때부터 만들어 먹기 시작했으며, 우리나라에 전래된 것은 고려 말 무렵이라고 한다. 중국에도 두부 요리가 많지만 우리나라 역시 다양한 방식으로 두부를 조리해서 먹는다.

    두부에도 종류가 참 많은데, 대전이나 충남 지방에 가면 더러 '숨두부'라고 쓰인 간판을 볼 수가 있다. 숨두부는 눌러서 굳히지 아니한 두부인 순두부를 뜻하는 말이다. 이 숨두부라는 말은 처음에 황해도와 평양 등 서해안 중북부 지방에서 사용했던 말이라고 한다. 그러다가 한국 전쟁 이후에 남쪽으로 피난을 온 사람들이 퍼뜨린 것이라는 게 정설처럼 되어 있다.

    황해도 지방에서는 콩을 맷돌에 갈아 솥에 안쳐 끓인 뒤 소금물로 간수를 잡을 때 "숨을 둘린다"라는 말을 쓴다고 한다. 말하자면 두부에 숨, 즉 생기를 불어넣는다는 뜻이 담겨 있는 셈이다. 끓인 콩물에 간수를 넣으면 콩물이 막 엉기기 시작한다. 이 모습이 마치 새 생명이 태어나는 듯하다고 해서 숨두부라는 말을 만들어 썼을 것이다. 순두부라는 말도 어감이 나쁘지는 않지만 숨두부도 마음에 와 안기는 말이다.

요즘은 서울 인근에도 숨두부집이라는 간판을 내걸고 장사를 하는 집이 있으며, 맛집으로 소문이 나서 사람들이 꽤 찾는다고 한다.

두부의 경상도 방언으로 조패, 조피, 조푸가 사전에 올라 있다. 고을에 따라 조프, 조포라고 부르기도 한다. 흔히 경상도에서 '조푸 장수'라고 하면 두부 장수를 뜻한다. 경북보다는 경남 지방에서 많이 쓰는 말이라고 한다.

옛날에 나라 제사에 쓰는 두부를 만들어 바치던 절을 '조포사造泡寺'라고 했다. 사전에는 조포사를 "능陵이나 원소園所에 속하여 나라 제사에 쓰는 두부를 맡아 만들던 절"이라고 풀이하고 있다. 원소는 왕세자나 세자빈 및 왕의 친척 등의 산소를 말한다. 여러 곳에 존재한 조포사 중에 개성의 연경사와 광릉의 봉선사가 특히 유명했으며, 절 이름을 따라 연경사두부, 봉선사두부 등으로 부르기도 했다고 한다.

조푸나 조포는 조포사에서 비롯된 말임이 분명하다.

053 쉰다리

우리나라 전통 음료라고 하면 흔히 식혜나 감주甘酒, 단술를 떠올리게 된다. 식혜와 감주는 제조법이 서로 다르다고 주장하기도 하는데 보통은 같은 음료를 가리키는 말로 쓴다. 다만 안동식혜 같은 경우 우리가 익히 아는 식혜와는 상당히 다르다. 다른 식혜는 보통 밥알을 삭혀서 만드는데, 안동식혜는 밥알과 함께 무, 고춧가루, 생강 등을 함께 넣어서 삭히기 때문에 붉은 빛이 돌면서 칼칼하고 매운 맛을 낸다.

제주에는 '쉰다리'라고 하는 색다른 음료가 있다. 사전에는 "밥과 누룩으로 담가 만든 여름철 음료를 가리키는 제주 방언"이라고 풀이해 놓았다. 조금 더 구체적으로 설명하면, 쌀밥이나 보리밥 혹은 약간 쉬기 시작한 밥에 누룩을 넣어 발효시킨 다음 끓여서 식힌 저농도 알코올 음료이다. 여름에 찬밥이 많이 남으면 보관이 어렵기 때문에 이를 이용하여 만든 쉰다리는 제주 사람들의 생활의 지혜가 담긴 음료라고 할 수 있다. 제주도는 지형이나 기

후 때문에 쌀이나 보리 등의 곡식 농사를 짓기가 힘든 섬이다. 그래서 밥알 한 톨이라도 귀하게 여기는 마음이 담긴 셈이다. 쉰다리라는 말도 쉰밥을 이용해서 만들었기 때문에 붙은 이름인 셈이다.

쉰다리는 누룩을 넣어서 발효시키므로 술에 해당한다고도 볼 수 있으나 알코올 농도가 워낙 낮아 남녀노소 구분 없이 여름철 음료수로 즐겨 마셨다. 막걸리와 식혜의 중간 정도로, 전주의 콩나물 해장국집에서 내놓는 모주와 비슷한 점이 있다. 쉰다리와 모주는 막걸리를 끓이는 과정에서 알코올이 날아가기 때문에 도수가 매우 낮다.

식혜는 밥알이 뜨는데 반해 쉰다리는 밥이 발효가 되어 형태를 알아볼 수 없을 정도가 되면 이것을 체로 걸러서 끓여 마시므로 밥알이 뜨지 않는다. 맛은 약간 새콤한 편인데, 설탕을 첨가하여 마시면 신맛을 덜어 준다. 제주에 가면 꼭 먹어 보아야 할 토속음식이 많지만 쉰다리도 빼놓지 말고 함께 맛보는 즐거움을 누리기 바란다.

한편, 쉰다리로 식초를 만들기도 하는데, 쉰다리를 만든 다음 거르지 않고 그냥 놔두면 식초가 된다. 즉 쉰다리를 한 번 더 발효시킨 식품이 '쉰다리식초'라고 보면 된다.

054 시락죽과 갱죽

동짓날

시락죽이나

끓이며

휘젓고 있을

귀뿌리 가린

후살이의

목수건(木手巾)

– 박용래,「시락죽」중에서

위 시에 나오는 '시락죽'은 시래기죽을 가리키는 말이다. 시래
기는 무청이나 배추의 잎을 말린 것을 말하는데, 새끼 따위로 엮
어 말려서 보관하다가 볶거나 국을 끓이는 데 쓴다. 시래기를 충
남 지방에서는 '시락지'라고 하며, 다른 지방에서는 시라구, 시라
구이, 시라리, 실가리, 씨라구, 씨레이, 씰가리, 씨러구 등으로

부른다. 시락죽은 시락지로 끓인 국이라는 뜻으로, 시에 '시락죽'
이 등장한 이유는 박용래 시인이 충남 강경 출신이기 때문이다.

시래기죽은 가난해서 먹을 게 없던 시절에 해 먹던 음식이다.
그래서 시래기죽이라는 말에는 가난한 시절의 고향 이미지가 물
씬 풍긴다. 시락죽과 비슷한 음식으로 '갱죽'이 있다. 갱죽은 주
로 경북 지방 사람들이 끓여 먹던 음식이다.

시래기에 묻은
햇볕을 데쳐
처마 낮은 집에서
갱죽을 쑨다.
밥알보다 나물이
많아서 슬픈 죽
　　　– 안도현, 「갱죽」중에서

사전에서는 '갱죽羹粥'을 "시래기 따위의 채소류를 넣고 멀겋게
끓인 죽"으로 풀이하고 있으나 경북 지방에서 해 먹던 갱죽은 조
금 다르다. 갱죽은 본래 겨울과 봄 동안에 보리밥 덩이에 시퍼런
무청 김치를 넣어서 끓인 것을 말했다. 무청 김치가 없으면 그
냥 김치를 넣기도 했고, 요즘은 콩나물 같은 걸 넣는다고도 한
다. 고을에 따라 갱시기, 갱싱이죽, 갱이죽 같은 말로 부르기
도 한다.

055 옹심이

동짓날이면 팥죽을 쑤어서 먹는 게 우리네의 오래된 풍습이다. 이날 팥죽을 먹는 이유는 팥의 붉은색이 액운과 악귀를 물리친다는 속신을 믿었기 때문이다. 그리고 동짓날을 작은설이라고 하여 팥죽 그릇에 그 사람의 나이 수만큼 새알심을 넣어서 먹으면 나이를 한 살 더 먹는다는 뜻을 담고 있기도 했다. 새알심은 찹쌀가루나 수수 가루를 반죽한 다음 작게 떼어 경단 모양으로 만들었다. 크기나 모양이 새알만 하다고 해서 '새알심'이라는 이름을 얻었다.

새알심을 충남에서는 '시알수지비'라고 했으며, 경기도에서는 '옹시래미'라고 했다. 강원도에서는 '옹셍이'라는 말도 쓰지만 '옹심이'가 널리 알려져 있다. 사전에는 '옹시미'라는 표기로 올라 있기도 하다. 새알심이라는 말도 예쁘지만 옹심이라는 말도 어감이 참 예쁘고 귀엽다.

강원도뿐만 아니라 서울에서도 '옹심이'라는 이름을 단 음식점 간판을 어렵지 않게 볼 수 있다. 옹심이를 강원도의 특화 상품으로 만들어 퍼뜨렸기 때문이다.

> 동해 감자옹심이는 강원도 사람이면 모르는 사람이 없다. 통감자를 강판에 갈아서 반죽을 만들고 밀가루 수제비처럼 별식으로 해 먹었던 이 감자옹심이는 웰빙 바람을 타면서 강원도 전역에서 맛볼 수 있는 토속 관광 음식으로 자리 잡았다.
> – 매일신문, 2013.9.16

위 기사에서 보는 것처럼 강원도의 옹심이는 앞에 감자를 붙여서 보통 '감자옹심이'라고 부른다. 그리고 찹쌀가루나 수수 가루가 아닌 감자를 갈아서 반죽을 한다. 강원도 하면 감자부터 떠올릴 정도로 감자 생산이 많다 보니 옹심이도 감자를 재료로 삼았음을 알 수 있다. 새알심은 팥죽을 쑬 때 넣지만, 감자옹심이는 팥죽과는 상관이 없다. 그냥 황태나 소고기 등으로 육수를 낸 다음 적당한 양념과 함께 감자로 만든 옹심이를 넣고 담백하게 끓여 내는 게 보통이다. 촌수로 따지자면 오히려 수제비와 가까운 사이라고 하겠다.

한편 강원도에서는 옹심이 말고 '봉그래기'라는 말도 쓴다. 새알심을 동그랗게 빚었다고 해서 붙인 이름인데, 역시 어감이 괜찮은 말이다.

056 우어회

웅어라는 이름을 가진 물고기가 있는데, 사전을 펼치면 다음과 같은 자세한 풀이가 나온다.

¶웅어: 멸칫과의 바닷물고기. 몸의 길이는 22~30센티미터이다. 몸은 옆으로 납작하고 뾰족한 칼 모양이며, 비늘이 잘다. 몸빛은 은빛을 띤 백색이다. 봄과 여름에 강으로 올라와 산란한다. 압록강, 대동강, 임진강, 한강, 금강, 영산강 등지의 민물과 짠물이 합쳐지는 곳에 분포한다. [비슷한 말] 도어魛魚 · 망어望魚 · 멸어鱴魚 · 열어烈魚 · 위어葦魚 · 제어鮆魚, Coilia ectenes

위 설명을 보면 알겠지만, 흔히 '드렁허리'라고 부르는 뱀 모양의 민물고기인 웅어熊漁와는 다른 생물로, 별도의 한자 표기를 갖고 있지 않다. 조선 시대에, 사옹원에 속하여 웅어를 잡아서 궁중에 바치던 부서인 위어소葦魚所를 설치했으며, 웅어의 명산

지인 한강 하류의 고양에 두었다는 기록이 있다. 하지만 지금은 한강 쪽에서는 볼 수 없고, 금강 하류 쪽에서만 발견된다. 웅어는 한자어 위어葦魚가 변해서 된 말이 아닐까 싶다.

> 언젠가 그와 함께 간 집
> 새콤한 초장에 우여회가 일품이던
> 백마강 가 그 마루 낮은 집
> 조촐한 술상에 무릎 맞대고
> 맑고 찬 소주 한잔 하고 싶구나
> – 조재도, 「백제시편8–바람 부는 날」 중에서

조재도 시인은 충남 부여 출신으로, 부여와 강경 쪽에서는 웅어를 '우어' 혹은 '우여'라고 부른다. 그쪽 지방의 '우여회'는 맛이 일품이라는 소문이 나서 토속 음식으로 각광을 받고 있다. 3~5월 산란기에는 뼈째 먹을 수 있을 정도로 연하고 담백하며 비린내가 없어 봄철 별미로 인기라고 한다. 조재도 시인과 '백마강 가 그 마루 낮은 집'에서 우여회와 함께 '맑고 찬 소주 한잔' 한다면, 그것도 참 흥겨운 일이겠다.

057 재래기와 벼락짠지

　　대구 사람이 모처럼 서울에 와서 고깃집에 갔다가, "아주머니, 여기 재래기 좀 더 주세요."라고 말했다. 그 말을 들은 주방 아주머니는 어떤 표정을 지었을까? 같이 간 서울 친구마저도 어리둥절한 표정으로 대구 친구를 바라보고만 있었다. 재래기라니? 그런 고기 종류도 있었나? 아마도 그렇게들 생각했을 법하다. 대구 사람이 말한 재래기는 주로 경북 지방에서 겉절이 대신 쓰는 말이다. 앞에 재료 이름을 붙여 파재래기, 상추재래기, 무재래기 등으로 쓴다. 정구지재래기도 있는데, 정구지는 부추를 뜻하는 사투리이다.

　　같은 경북이라도 안동 쪽에서는 재래기라는 말을 안 쓴다고 한다. 대신 그쪽에서는 벼락짠지, 혹은 베락짠지라는 말을 쓴다고 한다. 경상도에서는 김치를 짠지라고 하는데, 벼락치기 하듯 그 자리에서 바로 만든 김치라는 뜻으로 만든 말이다.

　　벼락짠지와 관련해서는 사전에 다음과 같은 말들이 표준어로 올라 있다.

¶벼락절이: 배추, 무, 열무 따위에 양념을 하고 간을 쳐서 당장
에 먹게 만든 겉절이.
¶벼락김치: 무나 배추를 간장에 절여 당장 먹을 수 있도록 만든
김치.

부산 등 경남 쪽에서는 재래기 대신 저리개, 저러지, 조리개
등의 말을 쓴다. 그래서 부산 쪽에 가면 "파저리개가 맛있는데,
조금 더 주세요."와 같은 말을 들을 수 있다. 역시 파저러지, 상
추조리개 등으로 만들어서 쓰면 된다.

재래기의 어원에 대해서는 확실하게 밝혀진 게 없다. 대신 부
산 쪽에서 쓰는 저리개, 저러지 등은 '절이다'라는 말에서 오지
않았을까 싶다. 어형이 비슷해서 해 볼 수 있는 추측이긴 한데
확실하게 그렇다고 장담하기에는 어려운 점이 있다. 재래기 역
시 저리개 등이 변해서 된 말이 아닐까 싶기도 하지만 뚜렷한 근
거를 밝히기는 어렵다.

고깃집에 가면 파를 간단한 양념에 무쳐서 내오는 게 있는데,
이를 흔히 '파절이'나 '파채'라고 부른다. 하지만 이러한 음식을
부르는 이름이 사전에는 전혀 올라 있지 않다. 재래기나 저리개
등은 사투리니까 그렇다쳐도 파절이나 파채 혹은 파절임이나 파
무침 중에서 어떤 것을 표준어로 삼든 사전에는 올려야 한다고
생각한다.

058 제피와 잔피

경상도 지방에서 담근 김치를 먹다가 이상한 향이 나서 멈칫거렸더니, 경상도에서는 김치를 담글 때 제피 가루를 넣어서 그렇다고 하는 얘기를 들은 적이 있다. 다른 지방 사람들은 제피를 넣은 김치에 대해 거부 반응을 보이는 경우가 많지만, 그 지방 사람들은 고향의 맛이라며 그리워하곤 한다. 김치 담글 때 제피를 넣으면 감칠맛을 더하면서 잘 시지 않게 해 준다고 한다.

경상도에서 '제피'라고 부르는 게 바로 초피다. 초피나무의 열매를 채취하여 햇볕에 한나절 정도 말리면 겉껍질이 오그라들면서 씨앗이 삐져나오는데, 씨앗을 뺀 겉껍질을 빻아서 가루로 만든 게 초피다. 경우에 따라 씨앗까지 통째로 빻기도 한다고 한다.

음식평론가 이윤화 씨가 포항 북쪽에 있는 하옥계곡에 있는 한 식당을 소개하는 글에 제피가 나온다.

밭을 한 바퀴 돌고나서 허물어질 것 같은 정겨운 옛 농막을 발견

했다. 농막 처마 아래에는 경상도 추어탕에 감초처럼 들어가는 제피 열매가 아직 실하게 열려 있다.

　－이윤화, 스포츠경향, 2014.7.30

　초피를 경상도에서만 향신료로 사용하는 건 아니다. 추어탕 하면 흔히 '남원추어탕'을 떠올리기 쉬운데, 추어탕에 꼭 딸려 나오는 게 초피 가루이다. 추어탕에 초피를 넣으면 비린내를 제거해 주고 독특한 향을 낸다. 하지만 멋모르고 지나치게 많이 넣었다가는 맛이 너무 강해서 고개를 절레절레 흔들 수도 있다. 이 초피를 전라도에서는 '젠피'라고 한다. 젠피의 향이 강해 옛날에는 모기향 대용으로 썼다고도 한다.

　초피와 비슷한 것으로 산초가 있고, 둘을 혼동해서 섞어 쓰는 경우도 있는데, 초피와 산초는 엄연히 다르다. 초피는 열매의 겉껍질을 이용하고, 산초는 주로 열매의 씨앗에서 기름을 짠다. 초피는 후추처럼 입안이 얼얼할 정도의 자극성을 지니고 있지만 산초는 옅은 향만 있다. 그럼에도 초피와 산초를 혼동하는 이유 중의 하나는 일본에서 초피 첨가 제품을 수입하는 경우가 있는데, 거기에 '산초山椒'라고 적혀 있기 때문이다.

059 해우쌈과 해우밥

바다에서 나는 풀 중에 미역과 함께 우리가 가장 많이 먹는 것이 김이다. 밥상에 오르는 것은 자연산 김보다는 대부분 양식 김이다. 그렇다면 언제부터 김을 양식하기 시작했을까? 여러 설이 있는데, 그중 가장 유력한 것이 김여익1606~1660이라는 사람이 전남 광양에서 처음 시작했다는 설이다. 그래서 광양시 태인동에 가면 최초로 김을 양식한 김여익을 기리기 위한 제각을 세워 놓았다. 일부에서는 '김'이라는 명칭이 김여익의 성을 딴 것이라고도 하나 그리 믿을 바는 못 된다.

김을 나타내는 한자어로 감태甘苔, 청태靑苔, 해의海衣 등이 있다. 전라도에서는 김을 '해우'라고 하는데, 이 말은 해의가 변해서 된 말이다. 표준국어대사전에는 김의 전남 방언으로 '헤우'를, 충남 방언으로 '해우쌈'을 소개해 놓고 있는데, 이는 잘못된 풀이이다. 해우가 헤우로 변한 것까지는 이해할 수 있으나, 해우쌈을 김으로 풀이한 것은 이해하기 어렵다.

전라도 지방에 전해지는 민요들을 살펴보면 해우쌈이 자주 등장한다. 전북 순창의 금과면에서 전해 오는 농요 〈금과들 소리〉에 다음과 같은 구절이 나온다.

휘휘 둘러 쌈들 싸세.
순창 원님은 곤달로쌈이오.
임실 원님은 해우쌈이오.
남원 원님은 천엽쌈이오.
우리 농군은 상추쌈일세.

위 노래에서 보듯 해우쌈은 쌈의 한 종류임이 분명하며, 곤달로는 곰취를 뜻한다. 해우가 김이라면 해우쌈은 김으로 쌈을 싸먹는 것을 뜻한다고 보아야 한다. 전라도 지역에서는 정월대보름 풍습으로 오곡밥을 김에 싸먹었다고 한다. 이걸 바로 해우쌈이라고 하며, 지금도 묵은지, 즉 묵은 김치를 넣어 만든 김밥을 '해우밥'이라고 부른다. 조선 정조·순조 때의 학자 홍석모洪錫謨가 지은 『동국세시기東國歲時記』에 배추 잎이나 김으로 밥을 싸서 먹는 것을 '복쌈福-'이라고 했다는 기록이 있다. 복을 싸서 먹는다는 뜻으로 풍년을 기원하는 풍속이다.

5

일상생활에 관련된 사투리

060 느르배기

새총을 사전에서는 다음과 같이 두 가지로 풀이해 놓고 있다.

1. 새를 잡기 위하여 만든 공기총. 공기의 압착 작용을 이용하여 만든 것으로 탄착 거리가 짧고 힘이 약하다. [비슷한 말] 조총鳥銃.

2. 'Y' 자 모양으로 생긴 나뭇가지나 쇠붙이에 고무줄을 맨 뒤 그것에 돌멩이를 끼워 튕기는 물건.

아이들이 갖고 노는 것은 물론 두 번째 항목에 해당하는 총이다. 어릴 적에는 새총을 들고 참새를 잡겠다고 여기저기 쏘다니곤 했다. 새총을 만들기 좋은 나뭇가지를 구하기 위해 헤매거나 멀찌감치 깡통을 세워 놓고 맞추기 연습을 하던 일도 즐거운 추억으로 남아 있다.

이런 새총을 강원도에서는 '느르배기'라고 한다. 강원도 사람들이 강원도 사투리로 우스개 삼아 만든 이야기 한 토막을 소개

한다. 아버지와 아들이 주고받는 대화로 이루어져 있다.

아들: 아부재, 나 100원만 주.

아버지: 100원은 왜서.

아들: 고무줄으 살라 그래요.

아버지: 고무줄은 왜서 사.

아들: 느르배기 맹글라고요.

아버지: 느르배기 맹글어 어데 쓰나?

아들: 새 잡을라잖소.

아버지: 새 잡아 머한?

아들: 판다니요.

아버지: 새 팔어 머한?

아들: 고무줄 살래요.

아버지: 고무줄은 또 왜서 사?

아들: 느르배기 맹근다니요.

　저절로 웃음이 나오게 만드는 이야기이다. 더구나 강원도 사
투리로 되어 있어 더욱 재미있게 들린다. 느르배기 대신 '느레기'
혹은 '느리배'라고도 하며, '빠꾸총'이라는 말도 함께 썼다. 전라
도에서는 '느라죽'이라는 말을 쓴다.

061 다황

　라이터가 등장하면서 요즘은 성냥 구경하기도 힘들어졌다. 성냥은 고유한 우리말 같지만 실은 한자말 '석류황石硫黃'이 변해서 된 말이다. 그리고 성냥을 옛날에는 중국에서 왔다고 하여 '당성냥唐-' 혹은 '당황唐黃'이라고 했다. 앞에 당나라를 뜻하는 당唐을 붙여 만든 말들은 대개 중국에서 왔다는 걸 나타내기 위함이다. 당나귀唐-나 당면唐麵, 당닭唐- 같은 말들이 그런 예이다. 황은 유황을 뜻하는 말로, 성냥을 만들 때 나뭇가지에 유황을 발랐음을 나타낸다.

　당성냥이라는 말은 1930년대의 기록에도 보이지만 사전에 올라 있지 않고, 당황은 지금도 '예전에 성냥을 이르던 말'이라는 풀이와 함께 사전에 실려 있다. 아마도 당황에서 변이된 말들이 사투리로 전해져 오기 때문인 듯하다. 경상도에서는 다항, 다강, 당봇 같은 말들을 쓰고 강원도에서는 다황이라는 말을 쓴다.

　강원도 출신의 이언빈 시인이 강원도 사투리로만 쓴 시에 성냥불을 뜻하는 '다황불'이 나온다.

> 소갈비에 다황불 확 댕기자
> 벅 바닥에 개락으로 누워 있던 어둠이
> 화들짝, 댄으로 내째고
> 내 그림재도 놀램절에 베름싹에 달라붙어 떨어지지 않는다
> – 이언빈, 「허구가 묻어 있는 풍경」 중에서

위 시를 표준어로 바꾸면 아래와 같다.

> 마른솔잎 성냥불 댕기자
> 부엌 바닥에 질펀하게 누워 있던 어둠이
> 화들짝 놀라 뒤란으로 달아나고
> 내 그림자도 황급히 벽에 달라붙어 떨어지지 않는다

함경도에서는 특이하게도 성냥을 '비시깨' 혹은 '비지깨'라고 하는데, 러시아에서 온 말이라고 한다.

062 동태

굴렁쇠는 어린아이 장난감의 하나로 쇠붙이나 대나무 따위로 만든 둥근 테를 말하며, 굴렁대로 굴리며 논다. 굴렁쇠라고 하면 88서울올림픽 개막식 행사를 떠올리는 사람들이 있을 것이다. 마치 깜짝쇼라도 하듯 어린 소년이 굴렁쇠를 굴리며 운동장을 가로지르는 장면이 지금도 간혹 사람들 입에 오르내린다. 중계방송을 지켜보던 수많은 세계인들에게도 찬사를 받았던 것으로 기억한다. 이 멋진 장면은 당시 개막식 행사 총연출을 맡았던 이어령 교수의 발상이었다고 한다.

굴렁쇠를 가리키는 방언은 여러 가지가 있는데, 경상도 지역에서는 '동태'라는 말을 쓴다.

가앗데 구루마 동태 누가 돌렸노
집에 와서 생각하니 내가 돌렸네

위 글은 이문열이 장편 소설 『아가雅歌』에 실어 놓은, 경상도 지역에서 아이들이 부르던 동요의 가사이다. 구전 가요라서 채록해 놓은 사람에 따라 가사가 부분적으로 다른 것도 있지만 대체로 위와 같은 내용으로 되어 있다. '가앗데'는 무슨 뜻인지 정확치 않고, '구루마'는 수레를 뜻하는 일본말이다. 그리고 '동태'가 바로 바퀴나 굴렁쇠를 뜻하는 경상도 사투리다. '동테'라고 발음하기도 한다. 이 노래는 본래 태평양 전쟁 때 일본 군인들이 부르던 군가인데, 누군가 거기다 다른 가사를 붙여서 부르기 시작했다고 한다.

사전에는 '동태'를 강원도와 경상도의 방언, '동테'를 전남 방언이라고 소개해 놓았다. 동태와 동테는 같은 계열의 방언일 텐데, 왜 하필 그런 이름을 붙였을까? 동그란 테라는 뜻으로 동테라는 말을 만들어 썼고, 동테가 동태로 변한 게 아닐까 하는 짐작을 해보지만 구체적인 자료로 확인할 길은 없다.

굴렁쇠의 다른 이름으로는 '동그랑쇠'가 표준어로 사전에 올라 있다. 생김새를 본떠서 만든 말이다. 하지만 이 말은 굴렁쇠에 비해 그리 널리 쓰이지는 않는다. 그리고 굴렁쇠를 굴리는 막대는 '굴렁대'라고 한다.

굴렁쇠의 방언으로는 강원도의 굴리미와 굴레바쿠, 뚱구레이, 텡게이, 충남의 궁구레미, 전남의 동굴테, 경상도의 도랑태와 도롱태, 제주의 도레기 등이 있다.

063 땟공치기와 마때치기

　　어릴 적 골목길이나 넓은 마당에 가면 아이들이 자치기를 하며 노는 모습을 많이 볼 수 있었다. 자치기는 긴 막대기로 작은 막대기를 치거나 튀기면서 노는 놀이다. 막대기를 친 다음에 날아간 거리를 막대기로 자를 삼아 재고 놀았기 때문에 '자치기'라는 이름을 얻었다. 옛날에는 전국 어디서나 아이들이 자치기 하는 모습을 볼 수 있었는데, 요즘은 거의 구경하기 힘들다. 기억 속에만 남아 있는, 말 그대로 '전래 놀이'가 되고 만 셈이다.

　　자치기를 뜻하는 사투리는 지역에 따라 무척 다양하다.

　　우선 작은 막대기가 긴 막대기에 맞아 튀어 오르는 모양을 토끼나 메뚜기에 빗대어 만든 말들이 있다. 토끼치기(경기), 토까이치기(경남), 토깨이(경상도), 메띠기치기(충남), 메뛰기치기(강원), 미띠기(강원) 등이 이에 해당한다. 이중에서 가장 특이한 이름은 경남 창원 쪽에서 쓰는 '토끼방구'라는 말이다. 비슷한 발상으로 만든 말로 북한 지역에서 주로 쓰는 '오둑떼기' 등이 있는데, 오뚝이에서 온 말로 보인다.

사전에 나와 있는 전라도 쪽 명칭으로 땡콩, 떼콩 등이 있는데, 전남 여수 쪽에서 쓰는 말인 '땟공치기'가 변해서 된 말인 듯하다. 기름하고 가는 나무나 대의 토막을 '대공'이라고 하는데, 이것이 경음화硬音化 현상에 의해 '땟공'이 되었다고 한다. 대공으로 치면서 노는 놀이라는 뜻으로 만든 말인 셈이다. 사전에는 '땅콩치기'라는 말도 있는데, 이때 사용된 땅콩이라는 말은 콩과에 속하는 작물을 뜻하는 게 아니라 땟공이 변한 말로 보는 게 타당할 듯하다.

그리고 경상도 쪽 명칭으로 사전에 올라 있는 것은 막대치기, 맞대, 마때, 마때치기 등인데, 막대기를 막대, 마때 등으로 부르기 때문에 생긴 이름일 것이다.

자치기라는 말이 표준어로 통용되고 있지만, 마때치기나 땟공치기 같은 말이 더욱 정감을 자아내기도 한다. 하지만 이런 말들은 이제 나이 든 사람들의 추억 속에만 담겨 있는 형편이 되고 말았다.

064 말쿠지

백석 시인의 시에는 그가 나고 자란 평안도 지역의 방언들이 수시로 출몰한다. 그런 시들 가운데 「목구木具」라는 제목의 작품에서 '말쿠지'를 발견했다. 말쿠지는 '말코지'의 방언인데, 사전에는 '물건을 걸기 위하여 벽 따위에 달아 두는 나무 갈고리. 흔히 가지가 여러 개 돋친 나무를 짤막하게 잘라 다듬어서 노끈으로 달아맨다'라고 풀이해 놓았다. 표준국어대사전에는 말쿠지를 평북 방언이라고 설명해 놓았지만, 고려대학교 민족문화연구원이 펴낸 고려대 한국어대사전에는 경기, 평안, 황해의 방언이라고 풀이해 놓았다. 그런데 전라도 출신의 송수권 시인과 충남 출신의 조재도 시인의 시에도 말쿠지가 등장한다.

사랑방 말쿠지에 짚신 몇 죽 걸어놓고
할아버지는 무덤 속을 걸어가시지 않았느냐
– 송수권, 「까치밥」 중에서

제사가 있은 날

불 끈 방

말쿠지에 걸린 옷들이 쓸쓸해 뵌다

— 조재도, 「하루 끝머리」 중에서

두 시인이 백석의 시에서 보고 배운 낱말을 사용했을 수도 있지만, 그보다는 말쿠지가 여러 지방에서 두루 쓰이는 말이라고 보는 게 타당할 듯하다.

말쿠지가 됐건 말코지가 됐건 시골살이를 해 보지 않은 사람들에게는 낯선 낱말임이 분명하다. 말코지를 제주에서는 '걸낭'이나 '낭공젱이'라고 하며, 다른 지역에선 '말꼬지', '알쿠지' 등으로 부르기도 한다.

사전에는 '외상말코지'라는 낱말도 등장하는데, "돈을 먼저 지불하지 않으면 주문한 물건이나 시킨 일을 얼른 해 주지 않는 일"을 뜻한다고 한다. "어떤 일이 되기 전이나 기한 전에 미리 돈을 치름"을 나타내는 말을 '선셈先-'이라고 하는데, 외상말코지는 선셈을 치르지 않아 생긴 일을 뜻하는 셈이다.

065 먼옷

'먼옷'은 사전에 나오지 않는 말이다. 무슨 뜻일까? 옷을 가리키는 말인 것 같다는 정도는 짐작해 볼 수 있겠지만 정확한 뜻을 알아채기는 쉽지 않다. 뜻부터 소개를 하면 '수의壽衣'에 해당하는 경북 안동 지역의 말이다.

먼옷이라는 말을 처음 접한 것은 권정생의 『한티재 하늘』이라는 장편 소설을 읽을 때였다. 이 소설에는 구한말 무렵 서럽고 고달프게 살았던 백성들의 슬픈 삶이 촘촘히 아로새겨져 있으며, 안동 지역의 사투리를 그대로 살려 씀으로써 토박이말의 보고로 삼기에 충분하다.

수지 무덤은 깨금이 무덤과 나란히 양지쪽에 조그맣게 묻혔다.
분들네는 그냥 삿자리에다 싸서 묻자는 걸 배서방이 널을 맞췄다.
보름새 명주 한 필을 사다가 먼옷도 지어 입혔다.
  ─ 권정생, 『한티재 하늘』 2권 중에서

먼옷은 먼 곳, 즉 저승으로 입고 가는 옷이라는 뜻을 담아서 만든 말이다. 한 시인은 시에서 '먼옷'을 다음과 같이 노래하기도 했다.

　　잴 수 없는 거리를 옷감으로 한 말
　　보내는 이와 떠나는 이가 하나인 이별의 옷
　　먼옷, 얼마쯤 당신을 이미 저만치 데려다놓고
　　떠나온 곳을 이윽히 바라보게 하는 옷
　　　－ 손택수, 「먼옷」 중에서

　수의는 부모가 돌아가시기 전에 자손들이 미리 준비해 두는데, 그렇게 하면 부모가 장수한다는 믿음에서 비롯되었다고 한다. 그리고 수의는 귀신이 감시하지 못한다는 윤달에 짓는 것이 좋다고도 한다. 안동에서는 먼옷을 안동포로 짓는 것을 최고로 친다. 간혹 '머능'이나 '머능옷'이라고도 하는데, 이 말은 먼옷이 변한 것이다. 수의壽衣라는 한자말 대신 먼옷이라는 우리말을 살려 써도 좋겠다는 생각이 든다.
　참고로, 제주에서는 수의를 '호상옷'이라고 한다.

066

무심날

나이 드신 분들은 예전에 일요일을 공일空日, 토요일을 반공일半空日이라고 했다. 충청도와 전라도 사람들은 주로 꽁일과 반꽁일이라고 발음했으며, 반꽁일에 맞추어 꽁일은 온꽁일 혹은 왼공일이라고도 했다. 지금은 공일이라는 말 대신 공휴일이 훨씬 널리 쓰이고 있다. 그리고 많은 직장에서 토요 휴무제가 실시되면서 반공일이라는 말은 아예 사라지고 말았다.

그렇다면 공일이나 반공일이 아닌 다른 날들, 즉 평일은 무어라고 부를까? 동화 작가 정채봉의 글에 나오는 '무심날'이라는 말을 살펴보도록 하자.

인적 없는 가을 바닷가는 무심날의 장터 같았다.
– 정채봉, 「가을날의 수채화」 중에서

무심날은 어떤 날을 뜻할까? 사전에 '무싯날無市-'이 표준어로

154

올라 있으며, '정기적으로 장이 서는 곳에서, 장이 서지 않는 날'을 뜻한다고 풀이해 놓았다. 같은 뜻으로 '예삿날'이라는 말도 함께 올려놓고 있다. 무심날은 바로 이 무싯날이 변해서 된 말로, 주로 경상도 쪽에서 많이 쓴다.

> 우리들은 우연히 울진에서 만났습니다.
> 약속이나 한 듯이 꽤 여러 명이서 무심날에 말입니다.

인터넷을 돌아다니다가 발견한 글의 한 대목이다. 무심날은 장이 서지 않는 날을 뜻하기도 하지만, 위의 글처럼 토요일이나 일요일이 아닌 평일平日을 뜻하는 말로도 쓰인다. 주기적으로 장이 서는 장날 풍경이 점차 사라지면서 대신 다른 뜻을 담아 쓰기 시작했기 때문이리라.

무싯날을 무시날이라고도 하는데, 서해안 바닷가 쪽 사람들은 이 말을 다른 뜻으로 쓰기도 한다. 물이 들어오고 나가는 물때의 차이가 심하지 않은, 즉 '물이 오가지 않는 날'을 가리켜 무시날이라고 한다.

067 바람갈수

출산은 과정 자체도 고통스럽고 힘들지만, 출산 후에도 몸을 제대로 추스르지 못하면 두고두고 고통을 받게 된다. 그래서 예로부터 산모는 최소한 세이레, 즉 21일 동안은 바깥출입을 삼가면서 찬바람을 쐬지 말아야 한다고 했다. 출산 과정에서 느슨해진 뼈마디에 바람이 들면 나중에 산후풍産後風에 걸리기 쉽기 때문이라는 것이다. 산후풍은 '산후발한産後發汗' 혹은 '산후바람'이라고도 하며, 아이를 낳은 뒤에 한기寒氣가 들어 떨고 식은땀을 흘리며 앓는 병을 말한다.

산후풍 말고 '산후더침'이라는 말도 있는데, 아이를 낳은 뒤에 조리를 제대로 하지 못하여 생기는 여러 가지 병을 가리키는 말이다. 그냥 '후더침'이라고도 한다.

요즘은 전문적으로 산모를 돌보는 산후조리원이 생겨서 옛날처럼 집에서 산후조리를 하는 경우는 드물다. 하지만 예전에는 제대로 된 산후조리는커녕 출산하자마자 부엌일과 밭일에 시달

려야 하는 경우도 많았다. 그러다 보니 산후더침이나 산후풍으로 고생하는 산모들이 적지 않았다.

산후조리를 뜻하는 사투리로, 강원도 사람들은 '바람간수'라는 말을 쓴다. 간수란 보살피고 지킨다는 말이므로, 산모에게 찬바람이 들지 않도록 잘 보살펴야 한다는 뜻으로 만든 말이다. 강원도 횡성 출신의 동화 작가 조대현의 작품에 '바람간수'라는 말이 나온다.

> "종달새야, 니도 엄마가 없노? 나도 엄마가 없대이. 울 엄마가 나를 낳고 바람간수를 못 해서 그만 죽고 말았지 뭐꼬. 그 바람에 나도 한쪽 다리를 못 쓰는 병신이 되고 말았대이."
> – 조대현, 「종달새와 소년」 중에서

위 동화에 나오는 것처럼 바람간수를 제대로 못하면 목숨을 잃기도 했던 게 옛 여인네들의 기구한 팔자였다. 비록 세월이 좋아졌다고는 해도 산모와 바람은 여전히 어울리면 안 되는 상극이다. 표준국어대사전에는 '바람간수'를 "바람을 맞지 아니하게 몸을 간수함"이라는 뜻을 지닌 북한말이라고 해 놓았는데, 강원도 쪽에서도 쓰는 말이다.

068 **발방아**

　　방아는 정미소가 없던 시절에 직접 곡식을 빻거나 찧던 도구이다. 방아에도 여러 종류가 있는데, '발로 디디어 곡식을 찧거나 빻게 된 방아'를 '디딜방아'라고 한다. 발로 디뎌서 찧는 방아라는 뜻으로 이해하면 되는데, 이 디딜방아를 경기도에서는 '자룹방아'라고 하고, 강원도에서는 '발방아' 혹은 '발방애'라고 한다. 디딜방아는 디디는 행위에, 발방아는 디디는 주체, 즉 발에 방점을 두고 만든 말이다.

　　디딜방아는 밟는 다리가 하나인 외다리 방아와 둘인 양다리 방아의 두 종류가 있다. 디딜방아의 형태는 중국 등 다른 나라에서도 발견되는데, 우리나라에는 주로 양다리 방아가 널리 퍼져 있다고 한다. 그래서 디딜방아를 뜻하는 '쌍지방아'라는 말도 강원도 방언으로 사전에 올라 있다. 양다리 방아는 둘이 올라서서 찧을 수 있으므로 힘이 덜 든다는 이점 때문에 널리 퍼진 것으로 보인다.

한편 발방아라는 말은 북한의 함경도 지방에서도 사용하는 말이다. 함경도 민요에 〈돈돌라리〉라는 게 있다. 한식 이튿날에 함경남도 북청 지방의 부녀자들이 남대천 가나 속후면의 모래산 기슭에 모여서 춤을 추며 부르는 노래로, 가사는 "돈돌라리 돈돌라리 돈돌라리요. 모래 청산에 돈돌라리요"와 같은 형식으로 되어 있다. 이 '돈돌라리'를 차용하여 김필연 시인이 가사를 지은 가곡이 있다.

> 산 너머 강 건너 내 뛰놀던 고향 가고파라
> 송기떡 향내 발방아 소리 내 고향 가고파라
> 거산 송리산 능선 위에 아침 해 떠오를 제
> 소달구지 올라 앉아 산소 가던 길 그리워라
> – 김필연 작시, 「돈돌라리 내 고향」중에서

위 노래의 가사에 발방아가 등장한다. 아마도 북쪽에 고향을 두고 온 실향민들을 생각하며 쓴 노랫말인 듯하다. 실제로 북한에 고향을 둔 실향민들이 많이 모여 사는 속초에서는 실향 문화를 되살리기 위해 '돈돌라리' 복원 사업을 시행하고 있다고도 한다.

069 방두깨와 빠꿈살이

아 내 맘의 잠근 문을 두드리는 이여, 네가 누냐? 이 어둔 밤에

「영예榮譽!」

방두깨 살자는 영예榮譽여! 너거든 오지 말아라.

나는 네게서 오직 가없은 웃음을 볼 뿐이로라.

— 이상화, 「방문거절訪問拒絕」 중에서

　일제 강점기의 저항 시인으로 유명한 이상화 시인은 대구 출신
으로, 위 시에 나오는 '방두깨'는 소꿉장난을 가리키는 사투리이
다. 소꿉장난을 가리키는 사투리는 사전에 올라 있는 것만 해도
서른 가지가 넘을 정도로 지역에 따라 무척 다양하게 분포되어
있다. 손꿉놀이나 손꿉장난 같은 말은 소꿉장난과 큰 차이가 없
으나, 전혀 다른 계열의 사투리도 많다. 위 시에 나오는 방두깨
와 비슷한 것으로는 반두깨, 반두깨비, 반두깨이, 반주깨미, 반
주깨비, 방두재비 등이 있다. 아래 시는 경남 출신의 강희근 시인

의 작품이다.

> 가슴이 도도롬한 기연이와
> 신랑 각시
> 반주깨비 살았다
> 논두렁 아래 사금파리 골라다 놓고
> 여보 당신 불렀다
> – 강희근, 「반주깨비」 중에서

이밖에도 강원도에서는 동갑질, 동굽질, 동두깨비, 종굽질 같은 말을, 전라도와 충청도에서는 빠꿈살이, 바꿈살이, 바꿈새기 등의 말을 썼다.

> "아니여 빠꿈살이여." "아니야 소꿉장난이야." 상경해서 처음 서울 아이들의 소꿉장난을 보고 고향에서 하던 대로 '빠꿈살이'라고 불렀던 나에 대한 새침한 서울 아이의 반박과 그에 대한 오빠의 열없는 동의는 어린 나를 당혹하게 했고 분노하게 했다.
> – 진정, 『386세대, 그 빛과 그늘』 중에서

위 글에 나오는 화자도 이제는 아마 '빠꿈살이'라는 말을 버리고 '소꿉장난'이라는 말을 쓰고 있을 것이다. 그렇게 중앙 중심의 체제는 사투리를 변방의 언어로 밀어내고, 마침내는 아예 자취를 감추도록 강요하고 있는 셈이다.

070 봉창, 줌치, 개아주머니

주머니와 호주머니는 같은 말일까, 다른 말일까? 호주머니는 옷의 일정한 곳에 헝겊을 달거나 옷의 한 부분에 헝겊을 덧대어 돈, 소지품 따위를 넣도록 만든 부분을 말한다. 그리고 주머니는 앞서 말한 뜻 말고도 자질구레한 물품 따위를 넣어 허리에 차거나 들고 다니도록 만든 물건을 포함한다. 본래 우리나라 주머니는 옷에 덧대지 않고 따로 만들어서 차거나 들고 다녔다. 그러다가 나중에 중국 옷을 본떠서 옷에 덧기운 주머니를 만들게 되었는데, 이런 주머니를 중국에서 왔다고 하여 '되놈 호胡'를 써서 호주머니라고 부르게 되었다.

주머니의 뜻으로 사용하는 사투리 중에 경상도, 전라도, 충청도에서 두루 쓰이는 말은 '봉창'이다. 봉창이라고 하면 흔히 "자다가 봉창 두드린다"는 말부터 떠올리는 사람이 많은데, 여기서 말하는 봉창은 주머니와는 상관이 없는 말이다. 이때의 봉창은 창호지로 바른 창을 뜻하는 전남 방언이다.

주머니를 뜻하는 사투리로 여러 개가 사전에 올라 있는데, 우선 '춤치'를 사전에서 찾으면 '주머니'의 뜻을 찾아가라고 해 놓았다. 경상도가 고향인 김원일의 장편 소설 『불의 제전』에 다음과 같은 구절이 나온다.

> 감나무 집에서 국밥으로 한 끼를 때우는 장돌림이나 장꾼은 춤치에 돈푼깨나 있는 치들이다.

위 예문에서 볼 수 있듯이 춤치는 경상도 지역에서 주머니를 가리키는 사투리로 쓰였음을 알 수 있다. 마찬가지로 주머니칼을 춤치칼이라고도 한다.

주머니를 뜻하는 사투리 중에서 가장 재미있는 말은 '개아주머니'라는 말이다. 사전에는 '호주머니의 방언(강원, 경북, 전남)'이라고 풀이해 놓았다. '개아'와 '주머니'를 합친 말이겠지만, '개'와 '아주머니'를 떠올리기 쉬워 조금 민망한 이름임에는 분명하다. 비슷한 갈래로 개야줌치, 개줌치, 개쭘치, 개무치 등의 말이 쓰이고 있다. 경기도에서는 '염냥'이라는 말을 쓴다. 두루주머니 허리에 차는 작은 주머니의 하나를 뜻하는 '염냥—囊'에서 온 말인 듯하다.

071 산다이

일전에 여수에 사는 김진수 시인의 안내를 받아 풀섬이라고도 하는 초도草島에 다녀온 적이 있다. 돌아오는 길에 배 안에서 벌어진 춤판이 인상에 남아「거룩한 춤판」이라는 제목으로 시를 지어 김진수 시인에게 보내 주었다. 그랬더니 얼마 후 김진수 시인이 전화를 해서 제목을 바꾸면 어떻겠냐며,「산다이 한판」으로 하자고 했다. 그러면서 전남 앞바다 쪽 섬에 사는 사람들은 노래하며 춤추는 판을 '산다이'라고 한다며, 그 말에 대한 유래를 다음과 같이 들려주었다.

조선 말기1885~1887에 러시아의 남진을 막기 위해 영국군이 거문도를 점령하고 주둔한 적이 있었다. 그 당시 영국군들이 일요일마다 춤추고 노는 것을 보고 섬사람들이 왜 그렇게 노느냐고 물었더니 선데이sunday라는 대답이 돌아왔다고 한다. 그런데 그 말을 산다이로 알아들은 사람들이 노래하고 춤추며 노는 걸 가리키는 말로 삼아 자신들도 명절이나 즐거운 날이면 산다이판을 벌이며 놀았다고 한다.

이러한 유래담이 얼마나 신빙성이 있는지는 모르겠으나 그쪽 지방 사람들 상당수는 그렇게 믿고 있으며, 백상웅 시인이 그런 유래를 소개하는 내용의 「산다이傳」라는 시를 써서 발표하기도 했다.

선데이가 아닌 다른 유래를 주장하는 이들도 있다.

산다이의 어원은 정확하지 않지만 현지 조사를 할 때 산다이가 일본말이라고 말하는 제보자가 적지 않다. 아마도 우리나라에서 오래 전부터 성행해 오던 '산대山臺'라는 놀이의 일본식 발음이 아닐까 한다. 산다이는 특정한 날, 예컨대 설, 추석, 초상 때 많이 한다. 그래서 명절 산다이, 노래판 산다이, 장례 산다이라는 말이 있다.

– 홍순일, 〈교수신문〉, 2012.6.29

신안문화원의 자료에도 산대놀이에서 파생된 말이라고 해놓았다. 어느 쪽 해석이 맞는지는 알 길이 없으나 전남 앞바다 섬지방의 독특한 문화임에는 틀림이 없다. 산다이는 지역에 따라 흑산도 산다이, 가거도 산다이, 월항리 산다이처럼 앞에 지역 이름을 붙인다. 이러한 산다이를 지역의 문화 축제로 발전시켜야 한다는 목소리들이 많다.

072 소망과 소매

지금은 볼일 보는 곳을 '화장실'이라는 고상한 말로 부르지만 옛날에는 그냥 '뒷간'이라고 불렀다. 냄새를 피해 본채와 떨어진 곳에 지어서 생긴 이름이다. 그러다가 차츰 '변소'를 거쳐 화장실이라는 이름을 얻게 되었다. 절에서는 보통 '해우소解憂所'라는 말을 쓰는데, 근심을 푸는 곳이라는 뜻을 담은 말이다. 수원시 이목동에 가면 화장실 문화 전시관이 있는데, 전시관 명칭이 〈해우재解憂齋〉이다.

화장실을 이르는 사투리는 지역별로 다양하다. 강원도와 경남 지방에서는 '정낭'이라고 부르고, 충청도에서는 '에피리똥'이라는 말로 부르기도 했다고 한다. 이름이 특이하기는 한데, 왜 그렇게 불렀는지는 확인이 되지 않는다. 제주에서는 '드딜항'이라고 불렀고, 전라도에서는 '치깐' 혹은 '칙간'이라고 불렀다. 치깐이나 칙간은 한자어 '측간厠間'에서 온 말이다. 그리고 전라도, 경상도, 제주도 등 여러 지역에서 '통시'라는 말을 함께 썼다. 통시라는 말은 양반이 아닌 머슴이나 하인들이 사용하는 화장실을 부르던 이름이라고 한다. 통싯간 혹은 통숫간이라고 부르기도 했다.

화장실의 사투리로 전라도 지방에서 쓰는 '소망'이라는 게 있다. 소망은 큰 항아리로 만든 재래식 변기통을 말한다.

「하늘에 별과 달은

소망에도 비친답네」

가람 이병기李秉岐가 술만 거나하면 가끔 읊조려 찬양해 왔던, 그 별과 달이 늘 두루 잘 내리비치는 화장실化室 - 그런 데에 우리의 똥오줌을 마지막 잘 누며 지내는 것이 역시 아무래도 좋은 것 아니겠나? 마지막 것일라면야 이게 역시 좋은 것 아니겠나?

- 서정주, 「소망(똥깐)」 중에서

사전에 '소망'은 없고 대신 '소맛간'이 올라 있는데, 뒷간을 뜻하는 충청도 방언이라고 풀이해 놓았다. 그리고 '소매'라는 말도 있는데, 오줌을 뜻하는 전라도 사투리라는 풀이가 나온다.

073

송방과 식관

 '송방松房'을 사전에서 찾으면 "예전에, 주로 서울에서 개성 사람이 주단, 포목 따위를 팔던 가게"라는 풀이가 나온다. 상인 하면 개성 상인을 떠올릴 정도로 개성 사람들이 장사에 수완이 뛰어났다는 건 많이 알려진 사실이다. 길거리마다 송방이 죽 늘어서 있어 송방 처마 밑으로만 다녀도 비 한 방울 맞지 않는다는 말이 있을 정도였다고 한다.

> 거멓게 썩은 덧문이 닫힌 송방 앞
> 빗물 먹은 불빛에 맨드라미가 빨갛다
> ─신경림, 「폐역廢驛」 중에서

 사전에 나오는 의미의 송방은 진작 사라졌지만 지금도 충남이나 강원도 지방에 가면 '송방'이라는 말을 들을 수 있다. 간단한 식료품이나 잡화, 과자 등을 파는 가게를 송방이라고 부르기 때

168

문이다. 예전에 시골에서는 '점방'이라는 말을 많이 썼고, 도시에서는 작은 가게를 흔히 '구멍가게'라고 했지만 지금은 그런 말들이 점점 사라지고 '편의점' 혹은 '슈퍼마켓'이라는 외래어가 그 자리를 대신 차지하고 있다. 슈퍼마켓마저 대형 마트에 밀리는 형편에 구멍가게 걱정을 하는 것 자체가 사치라는 생각도 든다.

강원도나 충남 지방에서 송방이라는 말을 많이 쓰게 된 이유는 잘 모르겠다. 한 가지 특이한 것은 충남 태안이나 서산 쪽에 가면 '식관'이라고 쓰인 낯선 간판을 만날 수 있다는 사실이다. 식관은 식당이라는 말 대신 그 지역 사람들이 쓰는 말이다. 그렇다면 식관이라는 말은 언제 생겼으며, 왜 태안이나 서산 쪽에서만 쓰게 된 걸까? 식관은 고려 시대부터 쓰던 말로, 전국의 역驛마다 식관을 설치해서 운영했다고 한다. 공적인 업무를 위해 역에 들른 사람들의 숙식을 해결해 주던 곳이 바로 식관이라는 것이다.

고려 시대 때 태안은 중국 송나라와 무역이 활발했던 곳으로, 특히 태안의 안흥항은 국제 무역선이 많이 드나들던 곳이라고 한다. 그러다보니 외지인들을 위한 식관이 많이 들어설 수밖에 없었고, 그때 생긴 식관이라는 말이 지금까지 이어지고 있는 셈이다. 송방이나 식관 모두 참 오랜 역사를 지닌 말임을 알 수 있다.

074 쇳대

서울 동숭동 대학로에 가면 〈쇳대박물관〉이라는 게 있다. 쇳
대가 무언지 잘 모르는 사람은 솟대를 쇳대로 잘못 쓴 게 아닌가
하는 생각을 할 수도 있다. '쇳대'는 열쇠를 뜻하는 사투리로, 여
러 지방에서 사용하고 있다. 2003년에 개관한 〈쇳대박물관〉은
우리나라 최초로 여러 모양을 한 각국의 자물쇠와 열쇠들을 모아
서 전시해 놓고 있는 공간이다. 쇳대박물관에 가면 박노해 시인
이 박물관 개관을 축하하며 쓴 시가 걸려 있다.

우리들 옛 마음씨가 이러하리라
묵중하고 섬세한 쇳대들처럼
마음먹으면 누구나 열 수 있는 것
그러나 그 안에 든 것들
많은 사람들의 노동과 삶이니
귀중히 아껴 쓰라 쇳대로 잠그는 것

– 박노해, 「쇳대들의 이야기」 중에서

한편 안도현 시인은 「사투리를 옹호함」이라는 수필에서 다음과
같은 재미있는 이야기를 소개하고 있다.

전라도 사투리와 관련된 우스갯소리가 하나 있다. 어느 날 밤 보
초병들의 암호가 '열쇠'였는데, 호남 출신의 한 병사가 무심코 '쇳
대'라고 응답했다. 그래서 총을 맞게 됐는데 그 병사는 숨을 거두면
서 이렇게 말했다고 한다.

"쇳대도 긴다……."

누군가 한번 웃어 보자고 만든 농담일 터인데도 뭔가 비애의 냄
새가 묻어 있지 않은가.

안도현 시인은 쇳대를 전라도 사투리라고 했지만, 사전에는
경기, 강원, 경상 등 다른 지역에서도 널리 쓰는 말이라고 해 놓
았다.

열쇠의 다른 사투리로 늘대(강원), 쉬때(경북), 계철과 계철퀘
(제주) 등이 있다. 그리고 자물쇠는 잠굴쇠(강원), 문통(강원),
자물씨(경북), 통쉐(제주) 등으로 부른다.

075 수군포와 사분

경주군 천북면 용강리 제2구에 잇는 황태조란 소년(11세)은 지
난 7일 오후 4시경 용강못에 목욕을 하다가 그만 실족하야 더 깊은
물속으로 들어가 나오지 못하는 것을 그 이웃에 잇는 사람들이 수
군포를 쥐고 올나오라고 물속으로 던젓으나 언악 어린 소년이라 그
수군포를 잡을 여가와 힘이 없어 기진맥진하다가 깔아안저 버렷음
으로……

  – 동아일보, 1939.8.12

무척 오래 된 기사이다. 위 기사 내용에 나오는 '수군포'라는
물건은 무엇을 가리키는 걸까? 쉽게 짐작하기 어려운 말인데,
정답부터 말하자면 삽을 가리키는 말이다. 경상도 사람들이 쓰
는 말인데, 사전에는 수군포 대신 '수굼포'를 올려놓은 다음 경상
도와 전남 지방의 방언이라고 소개했다. 수금포, 수굼푸 등으로
불리기도 한다.

이 말은 처음부터 우리말이 아니었다. 일부에서는 아이스크림, 밀가루 등을 덜 때 쓰는 작은 국자같이 생긴 것을 가리키는 스쿠프scoop를 일본 사람들이 혀 짧은 소리로 '수구포'라고 하는 것을 따라하다 생긴 말이라고 한다. 하지만 스쿠프scoop는 삽보다는 숟가락이나 국자에 가깝기 때문에 아귀가 잘 맞지 않는다. 그래서 삽을 뜻하는 네덜란드어 'schop'가 일본말 '수곤부スコップ'로 되었다가 우리나라로 퍼진 것이라는 설명이 더 설득력 있게 들린다. 부삽을 가리키는 '불수군포'가 역시 경상도 방언으로 사전에 올라 있다.

이와 비슷한 말로 '사분'이 있다. 사분은 경상도와 제주도에서 비누를 가리키는 말로, 역시 외국에서 건너왔다. 비누가 우리나라에 들어온 것은 1882년 청나라와의 무역 협정 조인 이후라고 한다. 비누가 처음에 들어올 때는 일종의 사치품이었기 때문에 일반 사람들은 구경하는 것조차 힘들었다. 그러다가 누군가 프랑스 신부가 쓰는 비누를 보고 뭐냐고 물었더니 '사봉savon'이라고 했는데, 이 말이 사분으로 변하게 됐다고 한다. 일본에서도 비누를 '샤본シャボン'이라고 하는데, 프랑스 말 사봉savon이 직접 우리나라로 들어온 것인지, 아니면 일본 말 샤본을 거쳐서 들어온 것인지는 확실하지 않다.

076 앉을개

> 굴품한 속에 일 없이 괜시리 드나도 들던
> 한나절 밥 때 되어 밥 먹으란 소리에
> 앉을개 놓고 둥그스름히 모여 앉아 점심밥 먹던
> 그곳, 감자도 고구마도
> 어쩌면 우리 육남매까지도
> 알맞게 구워낸 태반胎盤과도 같은
> – 조재도, 「어머니의 부엌」 중에서

'밑싣개'라는 말이 있다. 흔히 쓰는 말은 아닌데, "두 발을 디디거나 앉을 수 있게 그넷줄의 맨 아래에 걸쳐 있는 물건"을 말한다. 아무리 작고 사소한 부분이라도 그에 맞는 이름을 붙여 주는 조상들의 마음 씀씀이가 잘 드러나는 말이다.

이 밑싣개를 충남 지역에서는 '앉을개'라고 부른다. 밑싣개라는 말은 "똥을 누고 밑을 씻어 내는 종이 따위를 이르는 말"인 '밑씻개'를 연상시켜 그리 좋은 어감을 주지는 않는다. 그에 반해 '앉을개'라는 말은 거부감 없이 훨씬 부드럽게 다가온다. 그런데 위 시에서도 보듯이 앉을개는 그네의 받침 부분만을 뜻하는 게 아니라 엉덩이를 걸치고 앉을 수 있는 작은 의자 같은 걸 이를 때도 쓴다는 걸 알 수 있다. 목욕탕에 있는 깔개 의자나 농촌에서 들일을 할 때 깔고 앉는 의자 같은 걸 뜻하기도 한다고 보면 되겠다. 그래서 그런 형태의 의자를 가리키는 마땅한 명칭이 없으면 '앉을개'를 표준어로 등재시켜도 좋지 않을까 싶다.

밑신개를 강원도에서는 '군두발', '발받이', '지버배끼', '근네찌게', '지데기' 등으로 부르며, 충남 지역에서는 앉을개와 함께 '밑징개'라는 말도 함께 쓴다. 군두발이나, 지버배끼, 지데기 등은 밑신개를 왜 그렇게 부르게 됐는지 알 길이 없다. 다만 발받이는 그냥 들어도 쉽게 이해할 수 있는 낱말이므로, 널리 살려 써도 좋겠다는 생각이 든다. 다만 발받이는 "개, 고양이 따위의 육식 동물에 발달한 발가락 밑면에 있는 부드러운 근육 덩어리"를 뜻하는 표준어이기도 하다는 사실을 알아 둘 필요가 있다.

077 이바구

'이바구'는 '이야기'의 경상도 사투리이다. 이바구라는 말은 어감이 독특하고 재미있어서 귀에 잘 들어온다. 그리고 "이바구 저바구" 하는 식으로 다른 말을 뒤에 붙여서 말 재미를 불러일으키기에 딱 좋다. 닥종이 인형가로 널리 알려진 김영희 씨가 쓴 글에 재미있는 구절이 나온다.

> "할매야! 재미난 이바구 좀 해도고."
> 나는 할머니를 조릅니다.
> "오늘은 이 할매가 저바구를 할란다."
> "아니대이. 이바구 좀 해도고."
> 나는 이야기 보따리를 흔들듯 할머니의 치마를 슬슬 잡아당깁니다.
> "그라몬 이바구 저바구 다 해 보자."
> – 김영희, 「매화골 이야기」 중에서

한편 경상도 지방에서는 이야기를 시작하기 전에 "이바구 떼바구떼바구 강떼바구강때바구"라는 말을 먼저 던져 놓고 시작하기도 했다. 민속학자 김열규 교수가 생전에 인터뷰한 내용에 이에 대한 자세한 이야기가 나온다.

> 할머니 이야기 레퍼토리가 지금 생각해 보면 너덧 가지도 안 되었어요. 얘기를 시작할 때는 "이바구 때바구 강때바구"라 하셨어요. 이바구가 경상도 말로 이야기라는 뜻이니까, 서울말로 하자면 "이야기 때야기 강때야기" 이러는 셈입니다. 그러면서 여우 이야기, 도깨비 이야기를 들려주셨는데, 그것이 아마 제가 한국인, 한국 문화에 젖어들게 된 첫 동기일 거라고 생각합니다.
> –『기획회의(한국출판마케팅연구소)』 277호(2010.8.7) 중에서

부산사투리보존협회장을 맡고 있는 안태봉 씨는 강때바구를 이렇게 설명하기도 한다.

> 강때바구는 '광주리에 나물이나 곡식을 많이 담을 때' 그런 표현을 씁니다. 즉 '이바구 강때바구'는 '이야기를 많이 담았다'라는 뜻으로 보면 되겠습니다.
> – 경남매일, 2014.2.13.

078 장꽝

시골 고향 집을 생각하면 마음을 끌어당기는 풍경 중의 하나가 크고 작은 장 항아리들을 모아 놓은 장독대이다. 국립민속박물관에서 펴낸 『한국민속신앙사전』의 '장독신' 항목을 보면 장독대에 대한 다음과 같은 설명이 나온다.

장독대는 간장, 된장, 고추장 등을 담은 독을 두는 곳이다. 주로 집 뒤란이나 마당에 있다. 집 담장을 따라 약간 높직한 곳의 볕이 잘 드는 곳에 설치하며, 물이 잘 빠지도록 돌을 2~3층 가량 쌓은 다음 판석을 깔아 만든다. 가장 큰 독에는 간장, 중간들이에는 된장이나 막장을 담는다. 항아리에는 고추장이나 장아찌 류를 담아 놓는다. 영남 지방에는 안마당에 장독대가 위치하지만 전남 지역에는 대체로 집 뒤란에 자리한다. 장독대는 '장꽝', '장꼬방'이라고 불린다.

이번에는 전남 강진 출신인 김영랑 시인의 시를 살펴보자.

'오-매 단풍 들것네'
장광에 골 붉은 감잎 날아와
누이는 놀랜 듯이 쳐다보며
'오-매 단풍 들것네'
  - 김영랑, 「오-매 단풍 들것네」 중에서

전라도 사투리를 잘 살려 쓴 시로 많이 인용되는 작품이다. 위 시에 나오는 '장광'을 표준국어대사전에서는 장독대의 비표준어라고 풀이해 놓았다. 차라리 '장독대의 옛말'이라고 하면 좋았을 듯싶다. 장독대를 뜻하는 사투리로 흔히 '장꽝'이라는 말을 쓴다. '장광'이 변해서 된 말일 것이다. 사전에서는 충청도 방언이라고 해 놓았지만, 전라도에서도 많이 쓰는 말이다. 사전에는 '광'을 "세간이나 그 밖의 여러 가지 물건을 넣어 두는 곳"이라고 풀이하고 있다. 그러므로 '장광醬-'은 '장醬'에다 앞서 말한 '광'이 합쳐서 된 말이라고 보는 게 타당할 듯싶다.

장독대의 다른 사투리로는 '장꼬박'(경북), '장뚝간'(충북), '장독거리'(강원), '장독곳'(강원) 등이 사전에 올라 있으며, 제주에서는 '장항굽'이라고 한다. 장독대를 뜻하는 표준어로는 '장독간醬-間'과 '장간醬間'이 있다.

079 쪼추바리와 쪼춤바리

어릴 적에 학교에서 운동회를 하면 빠지지 않는 게 달리기 시합이었다. 운동회뿐만 아니라 동네에서도 종종 동무들끼리 달리기 시합을 하곤 했다. 저 멀리 있는 나무까지 누가 먼저 갔다 오나 하는 식이었다. 별다른 놀이 기구가 없던 시절에는 그렇게 동무들과 달리기 실력을 겨루는 것만으로도 즐거웠다.

사전에는 '달리기'와 같은 말로 '달음박질'과 '뜀박질'이 표준어로 올라 있다. 각각 '달리다'와 '뛰다'에서 비롯된 말인데, 전라도 지방의 사투리들이 이 두 가지 말과 비슷한 유형으로 이루어져 있다. 담박질, 단바꾸, 담바꿀, 담바구, 뛰염질, 뛰엄박질 같은 말들이 그렇다.

이에 반해 경상도 지방의 사투리는 '쫓다'라는 말에서 갈라져 나왔다. 포항 지역에서 채록된 노동요 〈물레소리〉에 다음과 같은 대목이 나온다.

가락으는 외톨가락 휘떡휘떡 물레바퀴 돌아가니

가락으는 가락머리에 뽑아 올려 시이불을 잣아내자

그 베를 날 거면은 우리 아기 쪼추바리 하는구나

지방에서 전해 오는 구전 가요인 탓에 뜻을 해독하기가 쉽지 않지만 끝부분에 나오는 '쪼추바리'가 바로 달리기를 나타내는 사투리이다. 쪼추발이, 쪼치발이, 쪼차바리 등 고을에 따라 조금씩 다르게 부르기도 한다. 비슷한 형태로 '쪼춤바리', '쪼츰바리', '쪼춤발이'처럼 '쫓다'에 명사형 어미 '-ㅁ'이 붙어서 된 말들도 있다. '2011 대구 세계육상선수권대회'가 열리던 무렵 대구에서 발행하는 〈매일신문〉에 다음과 같은 기사가 실렸다.

> 6위 역시 남자 110m 허들 경기 종목에 관한 상세한 설명을 실은 '관전평'이 차지했으며, 7위에는 달리기의 경상도 방언인 '쪼춤바리'에 관한 흥미로운 얘기들을 실은 기사가 올랐다. 8위 역시 이번 대회 기사로 미국의 카멜리타 지터가 단거리에서 첫 금메달을 쏘아 올렸다는 기사였다.
> – 매일신문, 2011.9.2

육상 대회가 대구에서 열리다 보니 자연스레 달리기의 경상도 사투리인 '쪼춤바리'라는 말이 화제에 올랐음을 알 수 있다. 하지만 아쉽게도 '쪼춤바리'라는 말은 시대의 흐름을 쫓아가기는커녕 점점 밀려나고 있는 추세이다.

080 춘천이여

그네 타기는 주로 5월 단오에 여인네들이 즐겨 하던 놀이로, 이미 고려 시대부터 우리나라 전역에서 행해지곤 했다. 젊은 여인이 그네를 타고 공중으로 솟구치는 모습은 그 자체로 싱그럽고 아름다운 광경이 아닐 수 없다. 오죽하면 이몽룡이 광한루에 나갔다가 그네를 타는 춘향의 모습을 보고 한눈에 반했을까?

그네를 가리키는 사투리는 지역별로 다양하다. 경상도에서는 곤디, 군들, 근대, 군대, 술래 등을 사용하고, 전라도에서는 군지, 훈지, 질매 등을 사용한다. 충청도에서는 구누, 근디, 호수마 등으로 부르고, 제주도에서는 굴매, 굴메, 궁글, 줄레, 동개, 개동개 등으로 부른다.

그네 타기와 관련해서 재미있는 것은, 강원도 지역에서 '춘천이여', '후두구네', '우두구네'와 같은 말을 사용한다는 사실이다. 이 말들은 그네를 뛰면서 높이 솟을 때 흥이 나서 지르는 소리라고 한다. 이에 해당하는 다른 지역의 말은 없는데, 유독 강원도 방언으로 이 말들이 사전에 올라 있다. 후두구네와 우두구네는 주로 영서嶺西 지방에서, 춘천이여는 주로 영동嶺東 지방에서 사용한다고 한다. 후두구네와 우두구네는 어원을 알 길이 없으나, 구네를 그네의 변형으로 본다면 앞의 후두나 우두는 흥을 돋우기 위한 말이 아닐까 싶다.

'춘천이여'라는 말은 두 가지 설이 전한다. 하나는 그네가 높이 솟아올라 대관령 너머 춘천이 보인다고 해서 생긴 말이라는 설이다. 하지만 아무래도 이 설은 재미 삼아 지어낸 민간어원설일 가능성이 많다. 춘천이 아무리 강원도에서는 큰 도시라고는 해도 대관령 너머에서 춘천을 본다는 게 가능하지 않은 일이기 때문이다. 다른 하나는 그네타기를 뜻하는 한자어 '추천鞦韆'이 변해서 된 말이라는 설인데, 이게 더 신빙성이 높은 듯하다. 처음에는 '추천이여'라고 하던 것이 자연스레 춘천을 연상시켜서 '춘천이여'로 바뀌었을 가능성을 배제할 수 없겠다.

그네와 관련해서 재미있는 말 한 가지만 더 알아보자. 단오에 그네를 뛰면 한여름에 모기에 물리지 않고 더위도 타지 않는다는 속신俗信이 있었다. 그래서 예전에는 그네를 뛰면서 "5월 단오에 모기야 물러가라." 하고 외치기도 했다고 한다.

사람에 관련된 사투리

081 개눈과 개씹눈

다래끼와 비슷하지만 조금 다른 눈병으로 '개씨바리'라는 게 있다. 이 말은 어감이 좋지 않아 듣기에 거북한 느낌을 준다. 개씨바리를 사전에서는 "환한 곳에서는 눈을 뜨기가 힘들 정도로 눈이 부시고 눈에 핏발이 서며 눈곱이 끼는 눈병을 속되게 이르는 말"이라고 풀이해 놓았다. 일종의 결막염과 같은 증세를 나타내는 말이다.

개씨바리는 '개씹+앓이'가 변해서 된 말이다. 그리고 '개씹'은 사전에 다래끼의 제주도 사투리라고 나온다. 우리말을 잘 살려 쓰던 것으로 유명한 김소진의 단편 소설에 작중 인물이 지은 시라며 다음과 같이 서술해 놓았다.

개씹앓이 하면
아랫뜸 황대목 아저씨 떠오른다
거짓말 같은 붕어를

186

문설주에 그려 놓고

붕어의 눈에 삼이지 사람의 눈에 웬 삼이냐며

붕어의 눈을 바늘로 꼭 찔러두던

   — 김소진, 「적리赤痢」 중에서

붕어의 눈을 바늘로 찌르는 이유를 알려면 먼저 '삼'이 무엇인지 알아야 한다. 눈동자에 좁쌀만 하게 생기는 희거나 붉은 점을 삼이라고 하며 그로 인해 눈이 몹시 쑤시고, 눈알이 붉어지는 병을 '삼눈'이라고 한다. 그리고 우리 민속에 '삼잡이'라는 게 있는데, 사전에 다음과 같이 소개해 놓았다.

   삼눈을 앓을 때에, 종이에 눈을 그리고 바늘을 꽂아 놓거나 굴비 따위의 마른 생선을 벽에 매달고 그 눈에 바늘을 꽂아 놓는 일. 삼이 그림 속의 눈이나 생선의 눈에 옮겨 환자의 눈이 낫는다고 믿는다.

개씨바리와 다래끼는 다른 질병이지만, 두 용어를 섞어 쓰는 경우가 많았던 것으로 보인다. 개씨바리가 '개씹+앓이'에서 온 것도 그렇고, 개씨바리를 경남에서는 '개씹눈'이라고 하는 것으로 보아서도 그런 정황이 충분히 설명된다. 경남에서 사용하는 방언으로 '개숭눈'과 '벌눈'도 사전에 올라 있다. '벌눈'은 눈이 벌게진다는 뜻으로 만든 말인 듯하다.

082 개씹

속눈썹의 뿌리에 균이 들어가 눈시울이 발갛게 붓고 곪아서 생기는 작은 부스럼을 다래끼라고 한다. 어릴 적에 다래끼가 나면 눈썹을 뽑아 들고 밖으로 나가서 작은 돌 위에 올려놓은 다음 다른 돌로 덮어 놓곤 했다. 지나가는 사람이 그 돌을 차고 가면 다래끼가 그 사람에게 옮아간다는 어른들의 속신에 따라 행하던, 일종의 주술이었던 셈이다.

요즘은 아이들도 다래끼가 잘 생기지 않는 편인데, 다들 가난하게 살던 시절에는 영양 부족으로 인해 다래끼 같은 질병이 흔하게 찾아들곤 했다. 다래끼를 경북에서는 눈사바리, 눈대지비, 대지비 등으로 불렀고, 전남에서는 다람 혹은 다랏이라고 했다.

아랫눈 다래끼를 제주 말로 개씹이라 하고 당연히 윗눈 다래끼는 개좆이다 개좆이든 개씹이든 나는 요즘 이것들 때문에 환장한다 왼눈에 난 개씹을 병원에서 짼 며칠 후 오른쪽 개좆도 찢었다

'개씹'이라는 말이 남사스럽긴 하지만, 우리말에는 그런 종류의 말이 많다. 헝겊 조각을 좁게 접거나 둥글게 오려서 감친 다음 쪽 찐 머리 모양으로 만들어 적삼 따위에 다는 단추를 뜻하는 '개씹단추', 소의 양䑏에 붙은 고기의 하나인 '개씹머리' 같은 말들이 표준어로 등록되어 있다. 예전에는 생식기를 나타내는 말을 그다지 속되다고 여기지 않았던 모양이다.

'개씹'은 다래끼를 나타내는 제주 방언으로 사전에 나와 있는데, '개좆'은 보이지 않는다. 김경훈 시인은 제주에서 나고 자란 사람이니, 위 시에 나오는 낱말과 뜻이 현지 사람들이 사용하는 실제 언어와 일치할 것이다. 다래끼도 눈 아래에 날 때와 눈 위에 날 때를 다르게 부른 셈인데, 표준어에는 그런 구분을 가진 낱말이 없다. 대신 눈시울 겉에 난 다래끼를 뜻하는 '겉다래끼'와 눈시울 안에 난 다래끼를 뜻하는 '속다래끼'라는 말이 있다. 한편 '대접'이라는 말이 사전에 있는데, 눈 아래쪽에 나는 다래끼를 가리키는 강원과 충북 지방의 방언이라고 해 놓았다.

083 괸당

　'괸당'은 친척을 의미하는 제주도 사투리이다. 본래는 친족과 외척을 아울러 이르는 말인 한자어 '권당眷黨'에서 온 말이다. 제주도에서 괸당, 즉 친척이라고 할 때는 4촌이나 8촌 정도를 넘어서 10촌, 12촌까지도 아우르는 폭 넓은 개념이라고 한다. 제주도 정치권에서 많이 쓰는 말로 "이 당 저 당 해도 괸당이 최고"라는 말이 있다. 제주도는 섬이라는 지리적 특성으로 인해 혈연관계로 묶인 조직이 정치적 이념에 의한 조직보다 위력을 발휘하는 경우가 많다고 해서 생긴 말이다. 그런 탓에 다른 지역에 비해 정당 소속이 아닌 무소속 후보가 당선되는 일이 많다고 한다.

　괸당이 오래도록 제주 사람들의 의식을 지배해 온 관계로 '괸당 문화'라는 말을 만들어 쓰기도 한다. 제주도 출신의 문정인 교수가 제주에도 많은 변화가 있었지만 괸당 문화만큼은 여전하다며 아래와 같이 비판한 글을 쓰기도 했다.

'괸당 문화'에도 변화가 없다. 지연, 혈연, 학연 등이 아직도 제주 사회 갈등 구조의 핵으로 남아 있다. 산남 대 산북, 동촌 대 서촌, 오고 대 일고, 그리고 제주대학 출신 대 육지부 대학 출신, 이런 편 가름의 양분법이 제주 사회를 멍들게 하고 있다.

– 문정인, 〈제주의 소리〉, 2013.8.1

위 예문처럼 괸당 문화는 폐쇄적이고 부정적인 의미로 많이 사용된다. 중국 사회에 널리 퍼져 있는 '꽌시關係·관계'라는 말과 비슷한 점이 있다고 하겠다. 꽌시는 우리말로 하면 '연줄緣-' 정도 되는 개념인데, 어떤 일을 함에 있어 법규나 제도보다 꽌시에 의해 일이 성사되는 경우가 많다. 그래서 중국에서 사업을 하려면 꽌시를 쌓는 게 필수라는 말이 있다. 꽌시는 오랜 중국 역사를 거치는 동안 가족을 중심으로 모든 일을 처리하고 극복하는 과정에서 서로 돕는 전통에 의해 생겨난 개념이라고 한다.

괸당과 비슷한 말로 사전에 '방상'이라는 말이 올라 있다. '일가붙이의 집안'이라는 뜻을 지닌 제주 방언이라고 풀이해 놓았으나 무엇에서 비롯된 말인지는 확인이 되지 않는다.

084 깔담살이와 물담살이

주로 농가에 고용되어 그 집의 농사일과 잡일을 해 주고 대가를 받는 사내를 머슴이라고 한다. 그중에서도 땔나무나 꼴을 베는 일을 하는 어린 머슴을 '꼴머슴'이라고 했다. 전라도에서는 '꼴'을 흔히 '깔'이라고 발음하기 때문에 꼴머슴을 '깔머슴'이라고 했으며, 다른 말로 '깔담살이'라고도 했다.

전북 전주 출신의 소설가인 최명희의 10권짜리 대하소설 『혼불』에 다음과 같은 대목이 나온다.

살림과 농사가 큰 집에서는 상머슴, 중머슴, 담살이를 다 두고 부리지만, 보통은 하나 아니면 둘을 두는데, 담살이는 그중 나이가 어려 열두어 살부터 열일곱 정도의 사이에 든 소년 일꾼으로, 땔나무를 장만하거나 소를 먹이고 꼴을 베는 깔담살이, 물 긷는 일을 전담으로 맡는 물담살이가 있어, 주인집에서 먹고 자며 옷을 얻어 입고, 새경으로는 한 해에 쌀 한 가마니를 받았다.

'담살이'라는 말은 사전에 따로 나오지 않는다. 다만 '요강담살이'라는 말이 표제어로 올라 있는데, "예전에, 상류 집안에서 요강 닦는 일을 맡아 하던 종"이라는 풀이가 달려 있다. 그렇다면 담살이는 남의 집에 얹혀살며 집안일을 도와주던 머슴이나 종을 뜻하는 말임이 분명하다. 위 소설에 '물담살이'가 나오는 것뿐만 아니라, 아이를 돌봐 주는 '애기담살이'라는 말이 쓰이고 있는 것을 보아도 그렇다. 둘 다 사전에는 없는 말이다.

> 너희 엄마는 주인집 애기담살이였다. 주인집 아이들을 너희 엄마가 다 키웠다. 내가 열아홉 때 너희 엄마는 열한 살이었다. 너희 엄마는 나보다 글을 먼저 알았고 계산도 빨랐다. 일 매무새가 찼졌다. 바느질을 어른보다 더 잘했다.
>
> – 강광석, 경향신문, 2011.10.14

머슴을 전라도에서는 '놉'이라고 부르기도 했으며, 제주도에서는 '다사리', '장남' 등으로 불렀다.

085 깔방얼라와 깔방니

갓난아이를 가리키는 사투리로 충청도에서는 '깟난쟁이'나 '깐난아'라고 하며, 강원도에서는 '해다', '해대기', '해던나'와 같은 말을 쓴다. 해다는 '햇+아'의 결합, '해던나'는 '햇+언나'의 결합으로 보인다. '그해에 새로 난'의 뜻을 지닌 접두사 '햇'에 아이를 뜻하는 '아'와 '언나'가 합쳐진 말이라고 본다면, 그런 말을 만들어 쓰게 된 까닭에 쉽게 수긍이 갈 것이다. 제주에서는 '물애기' 혹은 '물아기'라고 하는데, 양수 속에서 나온 아기라는 뜻으로 만든 말이라고 하는 사람도 있으나 확실치는 않다.

경상도에서는 '가늘라', '간얼라', '깐알라' 같은 말을 쓴다. 아이를 '얼라'나 '알라' 혹은 '언나'라고 하는 것에 비추어 보면 갓 태어난 아이라는 뜻을 지닌 말들임을 눈치챌 수 있다. 비슷한 말로 '깔방얼라'라는 말도 쓰는데, 어감이 독특하고 재미있다. 그런데 앞에 붙은 '깔방'은 어디서 온 말일까? '깔방얼라'라는 말 외에 '깔방니'라는 말이 있다. 깔방니는 가랑니, 즉 서캐에서 깨어 나온지 얼마 안 되는 새끼 이를 뜻한다. 그렇다면 '깔방'이라는 말은 '아주 어린 것' 혹은 '새끼'라는 뜻을 더해 주는 말일 것으로 짐작이 되는데, 뚜렷한 근거를 찾기는 어렵다.

> 진골목에는 묵은디 부잣집이 많고
> 지집아들 짱배기마중 씨가리랑
> 깔방이가 억시기 많고
> 칠성시장에는 장화가 많고
> 자갈마당에 자갈은 하나도 안 보인다
> – 상희구, 「대구풍물–대구 · 4」 중에서

상희구 시인은 대구 사투리로만 쓴 시 100편을 묶어 『대구大邱』라는 제목의 시집을 냈다. 자신의 고장을 사랑하는 마음이 그득 담긴 시집인 셈이다. 위 시에 나오는 '깔방이'가 바로 '깔방니'이며, '짱배기마중'은 '머리통마다', '씨가리'는 '머릿니'를 뜻하는 말이다. 다른 지방 사람들에게는 표준어로 통역을 하지 않으면 읽기 힘든 시일 수도 있지만, 그 고장 사람들에게는 친근한 정취를 안겨 주는 시라고 하겠다.

086 말테우리와 쉐테우리

내가 '테우리'라는 말을 처음 들은 것은 현기영의 소설 「마지막 테우리」를 통해서였다. 현기영은 제주 출신으로 4 · 3항쟁의 진실을 「순이 삼촌」이라는 소설 속에 끌어들이는 바람에 수사 기관에 끌려가 고초를 당했던 작가이다.

> 달아나는 건 올가미 던져 걸리고 덤벼드는 것도 날래게 옆으로 비켜서면서 뻗이든 꼬리든 손에 잡히기만 하면 발을 걸어 쓰러뜨렸다. 테우리들은 대개 한라산에 야우野牛를 키운 적이 있어 그런 일에 능했다.
> – 현기영, 「마지막 테우리」 중에서

위 작품에서 현기영은 4 · 3항쟁 당시 죽음을 피했으나 당시의 비극을 간직한 채 테우리 노릇을 하며 살아가는 외로운 노인의 이야기를 다루고 있다. 이 작품뿐만 아니라 대부분의 현기영 소설은 제주의 역사와 거기서 벌어진 4·3항쟁과 같은 비극적 사건을 이해하지 못하면 제대로 읽어 내기 어렵다.

표준국어대사전에 '테우리'라는 말은 따로 표제어에 올라 있지 않다. 대신 '말테우리'와 '쉐테우리'가 올라 있다. 말테우리는 '말몰이꾼'에 해당하는 말로, "짐을 싣는 말을 몰고 다니는 것을 직업으로 하는 사람"을 뜻하는 제주 방언이라고 풀이해 놓았다. 더불어 '소몰이꾼'에 해당하는 쉐테우리를 역시 표제어로 올려놓았다. 쇠테우리가 아니라 쉐테우리가 된 것은 제주 사람들의 현지 발음을 인정해서 그리 된 듯하다.

소설 제목에 테우리를 사용했고, 현지에서도 테우리라는 말을 사용하고 있음에 비추어 테우리를 독자적인 낱말로 사전에 올렸어야 한다는 생각을 한다. 그런 다음 말몰이꾼과 소몰이꾼 등을 아울러 이르는 말이라고 풀이해 놓으면 되지 않았을까?

제주에서 백중날 자정에 마소를 기르는 사람들이 방목장에 가서 마소의 무병과 안녕을 기원하는 제사를 올리는데, 이를 '테우리코사'라고 한다. 이 말 역시 사전에는 올라 있지 않으며, '코사'는 아마도 '고사'가 변해서 된 말이 아닌가 싶다.

087 머구리

바닷속에 들어가서 조개, 미역 따위의 해산물을 따는 일을 하는 사람이라고 하면 해녀海女부터 떠올리기 쉽다. 그중에서도 잠녀潛女라고도 부르던 제주 해녀가 해녀들을 대표한다고 해도 과언이 아니다. 제주 해녀들은 제주뿐만 아니라 동해안을 거슬러 러시아 쪽 바다까지 진출했다고 한다. 그런데 해녀, 즉 여자 말고도 물질을 하는 남자가 있다는 걸 아는 사람이 얼마나 될까? 동해안 바닷가에 가면 물질을 하는 남자들을 만날 수 있다. 그 사람들을 가리키는 말은 조금 생뚱맞아 보이지만 '보자기'이다. 보자기는 표준어로 사전에 올라 있으며, 사투리로 '보재기'라고도 한다. 잠시 아래 기사를 읽어 보자.

해경은 잠수기수협에 요청해 지난 22일부터 민간 머구리 잠수사들을 대거 수색 작업에 투입하고 있다. 머구리는 공기통을 맨 일반 잠수사와 달리 선박의 산소 공급 장치에 에어호스를 연결한 투구

모양의 장비를 착용한 잠수사들이다. 이들은 평소 전복, 해삼 등 해
산물을 채취하는 어업 종사자들이지만 수색 요청에 기꺼이 응했다.
— 연합뉴스, 2014.4.23

세월호 참사 당시 실종자 수색과 관련한 기사 내용이다. 위 기
사에 수색 작업에 참여한 '머구리'가 나오는데, '보자기'를 가리키
는 사투리이다. 강원도에 가면 더러 머구리라는 이름을 내건 횟
집을 만날 수 있다. 그런 집은 머구리가 직접 채취해 온 해산물
로 횟감을 마련하며, 그러한 이유로 싱싱한 해산물을 맛볼 수 있
어 많은 사람들이 찾는다.

머구리는 개구리를 가리키던 옛말이기도 하다. 개구리처럼 물
속에 들어가 헤엄을 친다고 해서 바닷일을 하는 사람들을 똑같이
머구리라고 부르기 시작했다고 하는 사람들이 있다. 하지만 뚜
렷한 근거를 찾을 수는 없다. 머구리는 남자들만 가리키는 말이
며, 해녀들과 달리 머리에 투구 모양의 헬멧을 쓰고, 등에는 공
기통을 지고 들어가서 작업을 한다. 여자 머구리가 없는 이유는
무거운 장비를 지고 들어가서 작업을 해야 하기 때문이다.

088 벙치와 말몰래기

    '벙어리'를 사전에서는 "언어 장애인을 낮잡아 이르는 말"이라고 풀이해 놓았다. 그러면서 다양한 방언을 함께 싣고 있는데, 대부분의 지역에서 가장 많이 사용하는 사투리는 '버버리'이다. 그밖에 법덩, 벗보, 버부렝이, 버부리, 버부어리, 버부레이, 벌보, 비버리, 버꾸, 버짜, 법자 등이 있다. 그리고 버버리만큼이나 널리 쓰이는 말에 '벙치'가 있다. 사전에는 강원도와 충남에서 쓰는 방언이라고 풀이해 놓았지만 전북 부안 출신의 박영근 시인의 시에 벙치가 등장한다.

누구나 그 여자를 벙치라고 불렀다

며칠 동안이나 내리는 눈 속에 고샅길도 끊기면
우리 집 정짓간 아궁이 곁에서
뜨거운 숭늉에 대궁밥을 말아 먹었다

– 박영근, 「벙치」 중에서

벙치를 비롯해서 앞서 소개한 벙어리의 사투리들은 어형에 있어 서로 비슷한 부분들이 있다. 하지만 제주도 방언은 다른 말들도 그렇듯이 색다른 어형을 보여준다. 제주도 사람들은 벙어리를 가리키는 말로 모로기, 말모로기, 말몰레기와 같은 말을 쓴다. 제주도 출신 문충성 시인의 시에 '말몰레기'가 나온다. 함께 쓰인 '비바리'는 처녀를 가리키는 사투리이다.

어버버어버버…… 어느 말몰레기 비바리는 두 손

맞대고 뺨에 옆으로 대어

잠자는 흉내 내며 사랑했다고

어버버어버버…… 볼록 나온 배 가리키며

침 흘리며 질질

바보 웃음 지으며

어버버어버버…… 무슨 말 하는 것일까

– 문충성, 「병든 사랑」 중에서

말모로기나 말몰레기 같은 말은 아마도 말을 못한다는 뜻으로 만든 말이 아닐까 싶다.

089 비바리와 냉바리

삼다도라 제주에는 아가씨도 많은데

바닷물에 씻는 살결 옥같이 귀엽구나.

미역을 따오리까 소라를 딸까.

비바리 하소연이 물결 속에 꺼져가네.

응 응 응 응 물결에 꺼져가네.

– 황금심, 〈삼다도 소식〉 2절

이 노래는 1952년에 유호가 작사를 하고 박시춘이 작곡을 한 노래로 황금심이 불러 큰 인기를 끌었다. 황해도가 고향인 유호와 경남 밀양이 고향인 박시춘이 제주도를 배경으로 한 노래를 지을 수 있었던 건 한국 전쟁 때 제주도에 있는 군예대軍藝隊에 소속되어 근무했기 때문이다. 육지에서 자란 이들에게 제주의 풍광은 여러모로 이색적이었을 테고, 물질을 하는 제주도 처녀의 모습 또한 인상 깊었을 것이다. 이 노래가 워낙 큰 사랑을 받으며 제주를 알리는 데 많은 기여를 했다고 하여, 2014년 3월 21일에 군예대가 있던 대정읍 하모3리 산이물 공원에 〈삼다도 소식〉 노래비를 세우기도 했다.

제주 사투리 '비바리'는 사전에 다음과 같이 두 가지 풀이가 나온다.

1. 바다에서 해산물을 채취하는 일을 하는 처녀.
2. '처녀'處女의 방언(제주).

모든 처녀가 싱그러운 아름다움을 지니고 있듯이 제주도 처녀들 역시 마찬가지였을 것이며, 그래서 "비바리는 말똥만 보아도 웃는다"는 속담이 생기기도 했다.

결혼 안 한 처녀를 '비바리'라고 한다면 결혼을 한 여자는 뭐라고 할까? '넹바리'라는 말이 주인공인데, 비바리라는 말은 육지에도 제법 널리 퍼졌지만 넹바리라는 말은 제주 사람 말고는 아는 사람이 거의 없다. 결혼을 하고 말고의 차이가 그런 현상을 만들어 냈다고 생각하면, 이 땅의 모든 아줌마들에게 미안한 마음이 들기도 한다. 참고로 남자는 결혼 유무와 상관없이 '소나리' 혹은 '소나이'라고 부른다. 사나이에서 온 말인 듯하다.

090 왼잽이와 짝빼기

8월 13일이 무슨 날인지 아는 사람이 있을까? 영국 왼손잡이 협회가 1992년에 만든 '왼손잡이의 날'이다. 따로 특별한 날을 지정했다는 건 그만큼 왼손잡이들이 당한 차별이 상당했음을 알게 한다. 세계적으로 10~12퍼센트 정도의 사람들이 왼손잡이로 살고 있으며, 우리나라에서는 5퍼센트 정도가 왼손잡이라고 한다. 우리나라 사람들의 왼손잡이 비율이 낮은 것은 그만큼 오른손잡이로 살 것을 강요당했음을 나타내는 증거이기도 하다. 오른손을 흔히 '바른손'이라고 부르기도 하는데, 이 말이 왼손잡이에 대한 편견을 부추긴다고 해서 더 이상 쓰지 말자는 운동이 일어나기도 했다.

왼손잡이를 터부시하는 문화는 분명 바른 현상이 아니다. 그럼에도 오랫동안 그런 잘못된 문화가 이어져 왔으며, 그런 만큼 왼손잡이들의 설움은 깊었다. 하지만 왼손잡이들 중에 천재성을 가진 사람들이 많다는 것도 널리 알려진 사실이다.

오른손잡이를 나타내는 사투리는 거의 없으나 왼손잡이를 나타내는 사투리는 다양하다. 오른손잡이는 너무도 당연하기 때문에 따로 불러야 할 이유가 없었기 때문일 것이다. 왼손잡이를 전라도에서는 왼잽이, 외악잽이, 외약손잡이, 까락잽이, 충청도에서는 오약재비, 오요손잡이, 경상도에서는 째비, 짝빼기, 짝째기, 짝째비 등으로 부른다.

왼잽이와 짝빼기를 사용한 글 두 편을 소개한다.

> 매일 밤 불알을 깐 소 떼들이
> 풍덩풍덩 건너는 차가운 바다
> 늘 그 만큼씩 부풀어오르던 얕은 바다 위에서
> 한정치산의 굴레를 쓰고 잠들던
> 왼잽이 혁이 삼촌
> – 김만수, 「혁이 삼촌」 중에서

> 짝빼기들의 행진. 삼성이 1~5번 타순에 포진한 왼손 타자들의 호타준족으로 긴 싸움의 첫 걸음을 가볍게 내디뎠다.
> – 경향신문, 1996.4.14

091 종내기

지역에 따라 사내아이를 머스마 혹은 머스매, 여자아이를 지지배라고 부른다는 건 다들 알고 있다. 그리고 머스마가 머슴에서 왔을 거라는 것도 대충 짐작은 하고 있다. 하지만 종내기라는 말이 있다는 건 아는 사람이 별로 없다,

조노무 종내기 조래도
뱃가죽은 얇아도
콩죽 팥죽 마다꼬
딩개 수지비 질기네.

경주 지방에서 아이들이 소꿉놀이를 하며 부르던 노래의 가사이다. '종내기'는 어린 남자아이들을 가리키는 말이고, '딩개'는 등겨, '수지비'는 수제비, '질기네'는 즐긴다는 말이다. 등겨로 만든 수제비나 먹어야 했던 가난한 시절의 모습이 노랫말에 담겨

있다.

종내기를 사전에서 찾으면 "종류, 품종, 종자 따위의 같고 다름을 이르는 말"이라는 풀이가 나오며, 같은 뜻을 가진 말로 종락種落을 들고 있다. 그러므로 종내기는 '종락'에서 온 말이라고 보는 게 타당할 듯하다. 사람을 낮잡아 이를 때 "저런 못된 종자 같으니라고"와 같은 말을 쓰는 것과 통하는 부분이 있는 말이라고 하겠다.

종내기는 사내아이들에게만 쓰고 여자아이들에게는 쓰지 않는다. 그 이유로 남자는 씨를 갖고 있지만 여자는 밭만 갖고 있을 뿐이라는 남성주의적인 시각에서 해석을 하기도 하는데, 전혀 일리가 없는 말은 아니라는 생각이 든다. 지금까지도 그런 시각을 갖고 있으면 마땅히 지탄을 받을 일이지만, 옛날에는 그런 낡은 생각이 많은 사람들의 머릿속을 지배하고 있었음을 무시할 수 없는 까닭이다.

종내기는 비하하는 말까지는 아니지만 그렇다고 어감이 썩 좋은 편도 아니다. '어린 놈'이나 '어린 것' 정도의 의미를 담고 있다고 보면 되겠다.

한편 제주에서는 어린아이를 '두린아이', 어린 아기를 '곤애기'라고 한다.

092 축구

　　바보나 얼간이 혹은 멍청한 사람을 가리키는 사투리는 지역별로 매우 다양하다. 충남에서는 '시절'이라 하고, 강원도에서는 미시리, 맨지기, 밥자리, 진생이, 팔부, 판대, 제주에서는 두루붕이, 뚜럼, 멋개, 전라도에서는 농판이, 머저구, 버꾸, 벌터리, 벙퉁이, 멍구 등으로 부른다. 경상도에서는 달쪼, 또다리, 반평이, 춘평이, 올꾸니, 터팔이, 히수 등이 쓰이는데, 가장 재미있는 건 경남 쪽에서 주로 사용하는 '축구'라는 말이다. 편을 갈라 공을 차서 상대편 골문에 넣는 축구가 아닌 바보를 가리키는 축구가 따로 있다는 말이다. 사전에는 '추꾸'라는 말이 올라 있는데, 경상도 출신 작가들의 글에는 대체로 '축구'라는 표기가 나타난다.

　　축구 등신 같은 이 늙어빠진 시에미가 잘한 기 머가 있노. 자슥을 잘 나았나, 나온 자슥을 잘 키았나.

― 김원일, 『미망』 중에서

막딸네는 별안간 목소리를 낮추었다.

"니 좀 생각해봐라. 곰곰이 생각해봐라. 그라믄 짐작이 되는 일이 있을 기다."

"짐작이 되다니."

"으응 이 축구 좀 보래?"

"……."

― 박경리, 『토지』 1부 중에서

나는 기진하고 맥 풀리고 사지가 늘어진 채로 흐느적거리고 있었다. 나는 천치였으므로. 병신 바보 축구였으므로.

― 신달자, 『나는 마흔에 생의 걸음마를 배웠다』 중에서

경상도에서는 왜 바보를 '축구'라고 부르게 됐을까? 무엇이 모자라거나 빠지는 상태를 이르는 '축나다'라는 말의 어근 '축'에다 사람을 가리키는 '구'가 붙어서 된 말이라고 하는 사람도 있다. 하지만 내가 보기에는 '축구畜狗'라는 한자어에서 온 말인 듯하다. 한자로만 보면 집에서 기르는 개라는 뜻인데, 사전에는 축구畜狗를 축생畜生과 같은 말이라고 해 놓았으며, "사람답지 못한 짓을 하는 사람을 낮잡아 이르는 말"이라고 풀이했다. 못된 놈이라는 뜻에서 바보라는 뜻이 갈라져 나온 게 아닌가 싶다. 고을에 따라 축구의 변이 형태인 추구, 추끼, 추깨이, 축갱이 같은 말을 쓰기도 한다.

093 큰애기

　　"내 이름은 경상도 울산 큰애기 상냥하고 복스런 울산 큰애기"로 시작하는 노래가 있다. 1960년대에 가수 김상희가 불러 많은 이들의 사랑을 받은 〈울산 큰애기〉라는 제목의 노래이다. 하지만 그보다 앞서 울산 큰애기를 등장시킨 노래가 있다. 〈울산 아가씨〉라는 제목으로 알려진 민요를 1943년에 황금심이 대중가요로 만들어 음반을 냈는데, 발표 당시의 제목은 〈울산 큰애기〉였다. 가사는 다음과 같이 시작한다.

> 동해나 울산은 잣나무 그늘 경개景槪도 좋지만 인심이 좋구요.
> 큰애기 마음은 열두 폭 치마 실백잣 얹어서 전복쌈일세.
> 에 에헤라 울산은 좋기도 하지.

　　노래를 한 곡 더 살펴보자.

낙동강 강바람이 치마폭을 스치면

군인 간 오라버니 소식이 오네.

큰애기 사공이면 누가 뭐라나

늙으신 부모님을 내가 모시고

에헤야 데헤야 노를 저어라 삿대를 저어라.

– 유행가, 〈처녀 뱃사공〉

　위 노래들은 흘러간 유행가이지만, 지금도 많은 사람들이 즐겨 부르고 듣는다. 모두 가사 중에 '큰애기'가 나오는데, 정확한 뜻을 아는 사람은 많지 않을 것이다. 혹시 '첫째 딸'을 가리키는 말이 아닐까 하고 추측을 하는 사람도 있을 법하다. 정확히 이야기하면 '큰애기'는 처녀를 뜻하는 사투리이다.

　처녀를 뜻하는 한자어는 여럿이 있지만 고유어에 해당하는 말은 '아가씨' 정도 말고는 없으며, '처니'와 '처이' 정도가 경남 지방에서 불릴 따름이다. 다만 제주에서 쓰는 '비바리'는 제주 특유의 정서를 담은 말로 널리 알려져 있기도 하다.

　표준국어대사전에는 '큰애기'를 전남과 충남의 방언이라고 해 놓았다. 하지만 다른 지방에서도 이 말이 널리 쓰인 게 분명하다. 위 노래들에 울산과 낙동강이라는 지명이 나오는 것에서 보듯 경상도에서도 널리 쓰였음을 알 수 있다.

자연과 지리에 관련된 사투리

094 미더기

내륙에 사는 사람들은 바다를 낭만에 찬 눈으로 동경을 한다. 하지만 정작 바다에 나가 고기잡이를 하며 살아가는 사람들은 바다가 얼마나 무서운 곳인지 잘 알기에 그저 푸른 바다의 아름다움에만 빠져들 수 없다. 거친 풍랑도 풍랑이지만 해일이라도 밀어닥치면 그 거대한 힘에 속수무책일 수밖에 없다는 사실을 너무나 잘 알기 때문이다.

우리나라의 바다는 해일이 자주 일어나는 편은 아니다. 하지만 『조선왕조실록』에 따르면 1392년부터~1903년까지 모두 44회의 해일이 발생했으며, 근자에도 간혹 해일이 덮치곤 한다. 해일은 폭풍, 지진, 화산 폭발 등이 원인이 되어 발생하는데, 우리나라의 해일은 대부분 폭풍에 의한 것이다.

요즘은 '쓰나미津波, tsunami'라는 말을 많이 쓰는데, 바다 밑에서 일어나는 지진이나 화산 폭발에 의해 발생하는 해일을 뜻하는 이름이다. 쓰나미는 보통 해일에 비해 전파 속도가 빠른 데다 발생 지속 시간이 길어 심각한 피해를 준다. 해일과 쓰나미를 같은 말로 혼동하는 사람들이 있는데, 엄밀히 따지면 둘은 다른 현상을 가리키는 말이다.

해일을 뜻하는 말로는 강원도에서 쓰는 '미데기'가 있다. 강원도 강릉시 사천면 주민센터 홈페이지에 지명을 소개하면서 아래와 같은 설명을 달아 놓았다.

> 매봉산 - 사기막리와 평창군 도암면 횡계리 연곡면 삼산리 경계에 있는 높이 1,173미터의 사천면에서 제일 높은 산으로 옛날 미데기(바닷물)가 이곳까지 올라왔을 때 매 한 마리가 겨우 앉을 자리만 남기고 이 봉 꼭대기까지 바닷물이 가득 찼다고 한다.

해일을 나타내는 고유어는 따로 없고, 강원도에서 사용하는 '미데기'가 유일하게 방언으로 남아 있다. 그래서 '해일海溢'이라는 한자어 대신 미데기를 살려 쓰자는 사람들이 있다. 하지만 말이라는 게 한두 사람의 의지만으로 생기거나 없어지는 게 아닌데다 미데기라는 말이 워낙 생소해서 뜻대로 될지는 모르겠다. 우리말을 사랑하는 마음은 갸륵하지만, 어떤 말이든 언중의 동의를 얻지 못하면 널리 유통되기 어렵다.

095 불새

해가 뜨거나 질 무렵에, 하늘이 햇빛에 물들어 벌겋게 보이는 현상을 '노을', 줄여서 '놀'이라고 한다. 노을을 가리키는 사투리로 사전에 나오는 것은 나울(경상), 누리(강원), 복새(경남), 북발(경북), 북살(경남), 유리(강원), 농오리(충청), 나불(강원, 경상), 우네(경상) 등이다.

이밖에 가장 눈길을 끄는 낱말은 '불새'다. 사전에는 경남 방언이라고 해 놓았다. 그리고 전라도 지방에서는 '붉새'라는 말을 쓰기도 하는데, 불새와 붉새는 서로 뿌리가 같은 낱말이 아닐까 싶다.

불새라고 하면 보통 이집트 신화에 나오는 불사조를 떠올리기 쉽다. 혹은 드라마 제목을 떠올릴 사람도 있겠고, 미국의 작곡가 스트라빈스키의 발레 음악 또는 관현악을 위한 모음곡인 〈불새〉를 생각하는 사람도 있을 것이다. 하지만 노을을 뜻하는 불새가 따로 있다는 걸 아는 사람은 그리 많지 않다.

불새와 붉새가 통한다는 건 전라도가 고향인 고영서 시인의 시에 「붉새」라는 제목의 작품이 있으며, 경북 성주 출신의 문인수 시인의 시에도 붉새가 등장하는 걸 보면 알 수 있다

> 집 뒤 동구 둑길 위에 아버지 우뚝 서 있고
> 여명 속에서 그렇게 방올음산 꼭대기 솟아올라
> 아, 붉새 아래로 천천히 어둠 가라앉을 때
> 그러니까, 이제 막 커다랗게 날개 접어 내리며
> 수탉, 마당으로 내려 서고
> 봄, 연두들녘 물안개 벗으며 눕다.
> – 문인수, 「해치는 산」 중에서

붉새라는 말은 필시 노을의 색깔을 나타내는 '붉다'에서 왔을 테니, 앞뒤 관계를 따지자면 붉새가 먼저 생겼다가 불새로 변했을 것으로 짐작해 볼 수 있다. 불새를 경상북도 동해안 지역에서는 '뽈새'라고 발음하기도 한다. 그리고 붉새를 북새라고 하는 경우도 있는데, 붉새를 [북쌔]로 발음하기 때문이다.

096 빵대와 빵창

원앙은 쌍으로만 노닌다는데

한 마리 원앙만이 외로운 무자맥질을 치는 동강,

그 구멍 숭숭 뚫린 붉은 빵대는

'10. 25까지 피해 대책 못 세우면 음독자살로 투쟁하자'고

찢어진 채 절규하고 있었다

– 권혁소, 「동강, 가수리에는 가수분교가 있다」 중에서

동강의 경관 중에서도 특히 아름다운 곳을 가려 뽑아 '동강12경'이라 부르기도 하는데, 각각 다음과 같다.

1경-가수리 느티나무와 마을 풍경, 2경-운치리 수동 섶다리, 3경-나리소와 바리소, 4경-백운산과 칠족령, 5경-고성리 산성과 주변 조망, 6경-바새마을 앞 빵창, 7경-연포마을과 황토담배 건조막, 8경-백룡동굴, 9경-황새여울과 바위들, 10

경-두꺼비바위와 어우러진 자갈, 모래톱과 뼝대, 11경-어라연, 12경-된꼬까리와 만지

동강 12경 중 6경에는 '뼝창'이, 10경에는 '뼝대'라는 말이 나온다. 표준국어대사전에 '뼝대'만 올라 있고 '뼝창'은 올라 있지 않지만, 둘 다 '바위로 이루어진 높고 큰 낭떠러지'라는 뜻을 가진 강원도 사투리이다. 다른 지방 사람에게는 낯설게 들릴지 몰라도 영월이나 정선 지방에서는 흔히 쓰고 있는 말이다. 절벽이나 벼랑 정도로 바꿔 쓸 수 있는 낱말이지만, 그렇게 바꿔 썼을 때는 뼝대나 뼝창이 주는 어감이 제대로 살아나지 않는다. 강원도 지방의 높고 험한 산세와 어울렸을 때만 온전히 제몫을 하는 낱말이 '뼝대' 혹은 '뼝창'이라고 하겠다.

동강의 뼝대는 그 옛날 아우라지에서 내려오던 뗏목꾼들의 애환을 말 없이 지켜보았고, 댐 건설을 둘러싸고 벌어진 동강 주민들의 갈등과 고통을 함께 나누었다. 강원도에서 나고 자란 권혁소 시인에게는 남의 일처럼 그냥 지나칠 수 없는 아픔이었을 게다. 하여 그 아픔을 한 편의 시로 남겨 두었다. 평소 시대의 아픔을 정직하게 기록하는 것 또한 시인의 임무라는 생각을 하고 있는 시인이기에 더욱 간절한 마음으로 적어 내려갔을 게다.

097 사랑눈과 영감눈

눈이 오지 않는 겨울을 상상할 수 있을까? 겨울이라면 으레 눈부터 떠올릴 만큼 눈은 겨울의 정취를 한껏 드높여 준다. 내리는 눈을 바라보는 즐거움도 크지만 눈 쌓인 길을 걸어가는 기쁨 또한 그에 못지않다.

눈을 나타내는 말은 무척 다양하다. 초겨울에 들어서 조금 내린 눈을 뜻하는 '풋눈', 눈이 와서 쌓인 상태 그대로의 깨끗한 눈을 뜻하는 '숫눈', 조금씩 잘게 내리는 눈을 뜻하는 '가랑눈' 같은 말들이 사전에 올라 있다. 눈이 내리는 모양을 뜻하는 말로는 가루 모양으로 내리는 '가루눈'부터 빗방울이 갑자기 찬바람을 만나 얼어 떨어지는 쌀알 같은 '싸라기눈', 그리고 굵고 탐스럽게 내리는 '함박눈' 등이 있다. 그중에서도 사람들의 마음을 가장 푸근하게 감싸 주는 건 누가 뭐라 해도 함박눈이라고 하겠다. 함박눈을 옛날에는 '송이눈'이라고 했다. 눈이 꽃송이처럼 내린다고 해서 붙인 이름일 게다. 송이눈도 좋긴 하지만 나는 그보다는 함박눈이라는 말에 더욱 정감이 간다. 이 함박눈을 경북에서는 특이하게 '영감눈'이라고 부른다. 왜 하필 영감을 앞에 붙였는지는 잘 모르겠고, 사전에는 올라 있으나 썩 널리 쓰이는 말은 아닌 듯하다.

탐스런 함박눈과 대비되는 눈에 싸라기눈, 줄여서 싸락눈이라고 부르는 눈이 있다. 싸락싸락 소리를 내며 내린다고 해서 그런 이름이 붙었을 것이다. 싸라기눈을 강원도에서는 싸리눈이라고 하고, 경북 지방에서는 역시 특이하게도 '사랑눈'이라고 한다. '사랑'이라는 말이 앞에 붙어서 뭔가 그럴 듯하고 은근한 느낌을 주지만, 아마도 '싸락'이 변해서 된 말일 가능성이 높다. 경상도 지역 사람들은 'ㅆ' 발음을 잘 못한다는 사실을 떠올리면 될 듯하다. 처음에는 '사락눈'이라고 하던 것이 '사랑눈'으로 변이됐을 것으로 보는 게 타당한 해석일 듯하다. 함박눈과 사랑은 제법 어울리는 조합이지만 싸락눈과 사랑은 썩 어울리는 조합이 아니다. 그럼에도 '사랑눈'이라는 말 자체는 퍽 사랑스러운 말이다.

함박눈을 경북과 전북 지방에서는 '함팡눈'이라고 부르기도 한다.

098 산날망과 산비알

옛 마을은 다 물 속으로 거꾸러지고

산날망 한 귀퉁이로 쪼그라붙은

내 고향 동네 휘 둘러보면

하늘은 더 낮게 내려앉아 있고

사람들의 눈은 더 깊이 꺼져 있고

무너지고 남은 부스러기들만 꺼칠하게 산다

– 김사인, 「내 고향 동네」 중에서

　김사인 시인의 고향은 충북 보은 회남면의 대청호 수몰지 부근
이다. 수몰된 고향 마을을 찾아와서 바라보는 풍경과 감회를 읊
은 시이다.

　시에 나오는 '산날망'은 산등성이나 산마루 정도에 해당하는
충청도 사투리이다. 사전에 '산날망'은 없고, '날망'이라는 항목에
"마루등성이를 이루는 지붕이나 산 따위의 꼭대기의 충북 방언"이라고

풀이해 놓았다. 하지만 충북뿐만 아니라 충남에서도 두루 쓰는 말이다.

그냥 '날망'이라고 하는 경우도 있지만 보통은 '산날망'이라는 말을 많이 쓰며, 산등성에 지은 집을 일러 '날망집'이라고도 한다. 여러 지방에서 비슷한 뜻으로 산말랭이, 산날가지, 산등강이, 산등새기 등 다양한 형태의 말을 사용하고 있다.

산비탈을 뜻하는 사투리로 '산비알'을 쓰기도 한다. 산비알은 강원도 춘천 출신의 김유정과 전북 군산 출신의 채만식의 소설에도 나오는 것으로 보아 충청도는 물론 강원도와 전북에서도 함께 쓰였음을 알 수 있다.

이쁜이는 산길에 속은 사람같이 저 산비알로 꼬불꼬불 돌아나간 기나긴 산길에서 금시 체부가 보일 듯 보일 듯 싶었는지 해가 아주 넘어가고 날이 어둡도록 지루하게도 이렇게 속달게 체부 오기를 기다린다.

　　－ 김유정, 「산골」 중에서

휘월휘 이렇게 걷는 것이 유쾌한가 본지 벌써 저만치 멀찍이 모자는 빼뚜름 단장을 해애해, 길도 안 난 산비알 잔디밭으로 비어져서 가분가분 걸어 내려가고 있다.

　　－ 채만식, 「패배자의 무덤」 중에서

099 오름과 굼부리

제주도가 화산 지형이라는 걸 모르는 사람은 없다. 제주섬 한 가운데 우뚝 솟은 한라산 말고도 크고 작음 오름들이 많다는 것 역시 알 만한 사람들은 다 안다. '오름'을 사전에서는 다음과 같이 풀이하고 있다.

1. '산'의 방언(제주).
2. '산봉우리(산에서 뾰족하게 높이 솟은 부분)'의 방언(제주).

하지만 이런 설명으로는 오름에 대해 제대로 말했다고 보기 어렵다. 오름은 한라산이 폭발을 할 때 마그마가 분출을 하면서 주변에 함께 생긴 기생 화산을 말한다. 단순히 산이나 산봉우리를 뜻한다면 한라산은 왜 '한라오름'이 아닌지 설명할 길이 없다. 제주도는 368개의 오름이 있어, 세계에서 가장 많은 기생 화산을 거느리고 있는 곳으로 유명하다. 사전에는 오름과 함께 '오롬'도 올라 있지만, 오롬보다는 오름이 널리 퍼져 있다. 오름만 찾아다니는 관광 코스가 개발되어 있을 정도이며, 다랑쉬오름이나 용눈이오름처럼 사람들의 발길이 끊이지 않는 곳이 많다.

오름과 함께 알아 둘 것이 '굼부리'라는 말이다. 하지만 사전에는 굼부리 대신 '산굼부리'라는 말만 나와 있다. 그리고 그 뜻을 "화구火口의 방언제주"이라고 해 놓았는데, 화구는 '화산체火山體의 일부에 열려 있는 용암과 화산 가스 따위의 분출구', 즉 분화구噴火口를 말한다. 제주도 민요 〈맷돌노래〉에 굼부리가 등장한다.

직주섬은 탐라국이여
한라산이 생겨나곡
이 언덕 저 언덕 이 굼부리 저 굼부리
아흔아홉 굼부리 뒈기 때문에
범도 왕도 못 낫수다

굼부리가 일반 명사라면 산굼부리는 오히려 제주시 조천읍에 있는 가장 큰 분화구를 가리키는 지명, 즉 고유 명사에 해당한다. 산에 있는 굼부리라는 뜻으로 산굼부리라는 말을 만들어 썼을 수도 있지만, 굼부리라는 말이 그에 앞서 생긴 말임은 분명하다. 굼부리가 사전에 오를 날을 기대해 본다.

100 올레

   올레라고 하면 이동 통신 'olleh'부터 떠올릴 사람이 많을지도 모르겠다. 하지만 제주도 올레길이 워낙 유명해져서 누구나 한 번쯤 걸어 보고 싶은 소망을 갖게 하는 이름이기도 하다.

   '올레'는 사전에 올라 있지 않다. 대신 '오래'라는 항목에 다음과 같은 뜻을 달아 놓았다.

1. 한동네의 몇 집이 한 골목이나 한 이웃으로 되어 사는 구역 안.
2. 거리에서 대문으로 통하는 좁은 길.

   '올레' 혹은 '올레길'은 '오래'에서 파생된 말이 분명하다. 올레는 거리에서 집으로 연결된 긴 골목을 뜻하는 제주도 사투리이다. 올레는 직선이 아니라 구부러지기도 하고 넓어지거나 좁아지기도 한다. 그리고 담을 쌓아 집 안과 밖을 구분해 준다.

   길 중에서 세계적으로 가장 유명한 곳은 스페인의 산티아고 길이다. 전 세계에서 모여든 수많은 여행자들이 총 800km에 이르는 순례길을 걸으며 자신의 영혼을 돌아보며 심신을 달랜다. 그 산티아고 길을 다녀온 후 제주 올레의 가치를 깨달은 '(사단법인)제주올레' 서명숙 이사장이 올레길을 닦고 알리면서 지금의 명성을 얻게 됐다. 제주도 올레길은 현재 1코스부터 21코스까지 개발해 놓았다.

> 올레길에 발을 내딛으면
> 저절로 세상 일들 밀쳐두니
> 저 물결처럼
> 이렇게 그리움에 젖어드는데
> – 이청리, 「그리움에 젖어드는데」 중에서

올레길이 유명해지다 보니 요즘은 여기저기서 걷기를 유혹하는 길들을 만들어 홍보하고 있다. 이름도 다양해서 둘레길, 누리길, 나들길 등으로 불리기도 하고 강원도 산길은 바우길이라는 이름을 붙이기도 했다. 제주 올레가 불러일으킨 걷기 문화가 잠시의 열풍으로 머물지 않고, 각박한 현대 문명사회를 돌아보는 성찰과 치유의 길로 나아갈 수 있기를 바란다.

간편 사투리 사전

식물 · 열매

고야   '자두'의 방언(강원). 시중에서 흔히 보는 자두보다 작고 껍질이 얇으며 신맛이 강하다.

꼬야   '자두'의 방언(강원).

꽤   '자두'의 방언(강원).

꽤기   '자두'의 방언(강원).

풍개   '자두'의 방언(경상).

애애초   '자두'의 방언(경상).

애추   '자두'의 방언(경상).

왜기   '자두'의 방언(경상).

옹아   '자두'의 방언(충청).

옹애   '자두'의 방언(충청).

추리   '자두'의 방언(경기, 평안).

꿀밤   1. '굴밤(졸참나무의 열매)'의 방언(강원). 2. '도토리(갈참나무, 졸참나무, 물참나무, 떡갈나무의 열매를 통틀어 이르는 말)'의 방언(강원, 경남).

넌달래   '철쭉'의 방언.

연달래   1. '진달래(진달랫과의 낙엽 활엽 관목)'의 방언(경상). 2. '철쭉(진달랫과의 낙엽 활엽 관목)'의 방언(경남).

선달꽃   '진달래'의 방언(제주)

전기꽃   '진달래'의 방언(제주)

대감   '돼지감자'의 방언(전라).

숭년감   '돼지감자'의 방언(제주)

싱녕감   '돼지감자'의 방언(제주).

구든감자   '돼지감자'의 방언(강원).

돼지감자

도깨비풀   '도꼬마리'의 방언(강원, 충청). '도깨비바늘'의 방언(전북, 충북).

도둑놈   '도꼬마리'의 방언(경남).

도둑놈떼   '도꼬마리'의 방언(경남).

도둑놈바늘   '도깨비바늘'의 방언(경남).

도깨비까시   '도깨비바늘'의 방언(경남, 전남).

도꼬마리

귀신풀   '도꼬마리'의 방언(강원).

개마를때   '도꼬마리'의 방언(경남).

오롱마   '도꼬마리'의 방언(제주).

개찰밥   '도깨비바늘'의 방언(경북).

귀사리	'도깨비바늘'의 방언(강원).
찐더풀	'도깨비바늘'의 방언(강원).
까막사리	'도깨비바늘'의 방언(강원).
까치비눌	'도깨비바늘'의 방언(강원, 충북).
동백꽃	'생강나무 꽃'의 방언(강원).
따배	'똬리'의 방언.
따배감	납작감의 방언.
맨드라미	'민들레'의 방언(경상).
민들레미	'민들레'의 방언(경상).
머슴들레	'민들레'의 방언(경상).
말똥굴레	'민들레'의 방언(안동).
미움둘레	'민들레'의 방언(전라).
멈둘레	'민들레'의 방언(전라).
밥태기나무	'이팝나무'의 방언.
비실	'맨드라미'의 방언(경북).
달구비실	맨드라미'의 방언(경북).
빼뿌쟁이	'질경이'의 방언(경상).
빼짱구	'질경이'의 방언.
길짱귀	'질경이'의 방언.

질경이

길짱구	'질경이'의 방언.
질짱구	'질경이'의 방언.
시나나빠	'유채'의 방언(경상).
오돌개	'오디'의 방언.
오도개	'오디'의 방언.
오덜기	'오디'의 방언.
오동	'오디'의 방언.
오동개비	'오디'의 방언.
오동애	'오디'의 방언.
오두	'오디'의 방언.
오두개	'오디'의 방언.
오둘개	'오디'의 방언.
오둘기	'오디'의 방언.
호두	'오디'의 방언(경상).
호디	'오디'의 방언(경상).
아들개	'오디'의 방언(경상).
뽕딸	'오디'의 방언(경상).
뽕낭탈	'오디'의 방언(제주).
뼝오두	'오디'의 방언(강원).
옥파	'양파'의 방언(전북).

홉파	'양파'의 방언(충남).
주먹파	'양파'의 방언.
일렁감	'토마토'의 방언(전라).
땅감	'토마토'의 방언.
지슬	'감자'의 방언(제주).
감저	'고구마'의 방언(제주).
포구나무	느티나무나 팽나무의 방언.
폭낭	팽나무의 방언(제주).

팽나무

곤충 · 동물

때까치	'거위'의 방언(전라).
때까우	'거위'의 방언(전라).
때꺼우	'거위'의 방언(전라).
고니	'거위'의 방언(경상).
게사니	'거위'의 방언(강원, 경기).
땡삐	'땅벌'의 방언.
땡벌	'땅벌'의 방언(강원).
땡끼벌	'땅벌'의 방언(충청).
땅말머리	'땅벌'의 방언(경북).
땅삐	'땅벌'의 방언(경북).
뗑삐	'땅벌'의 방언(전남).
바때리	'땅벌'의 방언(충청).
왕바드래	'땅벌'의 방언(경북).
옷바시	'땅벌'의 방언(충남).
땡삐고치	'매운 고추'의 방언(강원).
곱시기	'돌고래'의 방언(경상).

곰새기	'돌고래'의 방언(제주).		곰도리	'잠자리'의 방언(경상).
수외기	'돌고래'의 방언(제주).		깽자리	'잠자리'의 방언(경상).
시역지	'돌고래'의 방언(강화).		어러리	'잠자리'의 방언(경상).
왁새	'뻐꾸기'의 방언(제주). '왜가리'의 방언. '왜가리'의 북한어.		철래기	'잠자리'의 방언(경상).
			철기	'잠자리'의 방언(경상).
왕퉁이	'말벌'의 방언(충남).		철리뱅이	'잠자리'의 방언(경상).
왕통이	'말벌'의 방언(경기).		행오리	'잠자리'의 방언(경상).
대추벌	'말벌'의 방언(경상).		팔랑개비	'잠자리'의 방언(경상).
사상벌	'말벌'의 방언(제주).		간진자리	'잠자리'의 방언(전라).
새당벌	'말벌'의 방언(제주).		참마리	'잠자리'의 방언(전라).
마바리	'말벌'의 방언(강원).		참바리	'잠자리'의 방언(전라).
마라리	'말벌'의 방언(강원).		차마리	'잠자리'의 방언(전라).
바두리	'말벌'의 방언(강원).		자마리	'잠자리'의 방언(전라).
잔나비	'원숭이'의 방언.		소곰장이	'잠자리'의 방언(강원).
잘래미	'원숭이'의 방언(경상).		칠레기	'잠자리'의 방언(강원).
잘래비	'원숭이'의 방언(경남).		차랭이	'잠자리'의 방언(강원).
찹쌀개	'삽살개'의 방언.		나마리	'잠자리'의 방언(강원).
철뱅이	잠자리'의 방언(경상).		남자리	'잠자리'의 방언(경상, 전남, 충북).
앉을뱅이	잠자리'의 방언(경상).			
안진뱅이	잠자리'의 방언(경남).		할미고딩	'달팽이'의 방언(경상).

할미고딩이 '달팽이'의 방언(경상).

문듸 '달팽이'의 방언(경북).

문디꼴부리 '달팽이'의 방언(경북).

늘팽이 '달팽이'의 방언(강원).

하늘염소 '달팽이'의 방언(경북).

달팡구리 '달팽이'의 방언(경북).

물고기

쌍바리 '불가사리'의 방언(경남).

벨 '불가사리'의 방언(경남).

가마귀방석 '불가사리'의 방언(제주).

가마귀뭉게 '불가사리'의 방언(제주).

갈라짓뭉게 '불가사리'의 방언(제주).

물방석 '불가사리'의 방언(제주).

삼바리 '불가사리'의 방언(전남). '불가사리'의 북한어.

산바리 '불가사리'의 방언(전남).

퀴 '성게'의 방언(제주).

구살 '성게'의 방언(제주).

솜 '말똥성게'의 방언(제주).

밤시 '성게'의 방언(통영).

밤시이 '성게'의 방언(통영).

굴봉 '굴'의 방언.

버캐 '굴'의 방언.

굴장 굴을 채취해서 모아 놓은 다음 껍데기를 까기 위해 임시로 지어 놓은 막사 같은 곳.

꼼장어 '곰장어'의 방언(경남).

놀부 '곰장어'의 방언(제주, 추자도).

띠포리 '밴댕이' 말린 것의 방언(경남).

디포리 밴댕이' 말린 것의 방언.

딩포리 밴댕이' 말린 것의 방언.

뒤포리 밴댕이' 말린 것의 방언.

비포리 밴댕이' 말린 것의 방언.

납데기 밴댕이' 말린 것의 방언(전라).

납자구 밴댕이' 말린 것의 방언(전라).

물텀벙 '아귀'의 방언(인천).

물텀벙이 '아귀'의 방언(인천).

물꿩 '아귀'의 방언(경남).

물꽁 '아귀'의 방언(경남).

가잠 '가자미'의 방언(경북).

까지매기 '가자미의 방언(경상).

까지매이 '가자미의 방언(경상).

밴댕이

삼세기

까깨미 '가자미의 방언(경상).

납새미 '가자미의 방언(경남).

납세미 '가자미의 방언(경남).

미주구리 '기름가자미'의 방언.

박하지 '민꽃게'의 방언(인천, 경기, 충남).

방칼기 '민꽃게'의 방언(부안).

뻘떡기 '민꽃게'의 방언(전라).

바구재 '민꽃게'의 방언(강화도).

청둥게 '민꽃게'의 방언(충청).

바우지 '민꽃게'의 방언(충남 서천).

빠가사리 '동자개(동자갯과의 민물고기)'의 방언.

빠가빠가 '동자개'의 방언(강원).

자가사리 '동자개'의 방언(강원).

삼식이 '삼세기(삼세깃과의 바닷물고기)'의 방언.

수베기 '삼세기'의 방언.

탱수 '삼세기'의 방언.

꺽주기 '삼세기'의 방언.

꺽쟁이 '삼세기'의 방언.

삼숙이　‘삼세기’의 방언(강원).

수루매　‘오징어’의 방언.

이까　‘오징어’의 방언.

오동애　‘오징어’의 방언(경남).

홀짓개　‘오징어’의 방언(경남).

각시기　‘오징어’의 방언(경남).

오중에　‘오징어’의 방언(강원, 충청).

밑바구리　‘오징어’의 방언(제주).

올갱이　‘다슬기’와 ‘우렁이’의 방언(충북).

골부리　‘고둥’과 ‘우렁이’의 방언(경북).

대사리　‘다슬기’의 방언(전라).

데사리　‘다슬기’의 방언(전라).

대수리　‘다슬기’의 방언(전라).

개우렝이　‘다슬기’의 방언(경기).

고둘팽이　‘다슬기’의 방언(경기).

물골뱅이　‘다슬기’의 방언(강원).

올뱅이　‘다슬기’의 방언(강원).

갱개미　‘간자미’의 방언(충남).

다슬기

간재미

갱갱이　‘간자미’의 방언(충남, 전라).

팔랭이　‘간자미’의 방언(백령도, 대청도).

가부리　‘간자미’의 방언(경상).

나무가부리　‘홍어’의 방언(경상).

피데기　‘반건조한 오징어’의 방언(경상).

하루바리　‘반건조한 오징어’의 방언(울릉도).

호래기　‘오징어나 한치의 새끼’의 방언(경남).

호루래기　‘오징어나 한치의 새끼’의 방언(경남).

횟대기　‘횟대(둑중갯과의 실횟대, 알롱횟대, 빨간횟대, 동갈횟대, 눈퉁횟대 따위의 어류를 통틀어 이르는 말. 몸의 길이는 20~30cm이고 원통 모양이며 갈색이다. 머리에 가시가 있고 입이 크다.)’의 방언.

먹을거리

깜밥 '누룽지'의 방언.

감밥 '누룽지'의 방언.

강밥 '누룽지'의 방언.

강개 '누룽지'의 방언(충남).

눙지 '누룽지'의 방언(충남).

누렁거지 '누룽지'의 방언(경북).

누룽거리 '누룽지'의 방언(강원).

눈밥 '누룽지'의 방언(전남).

눌은밥 솥 바닥에 눌어붙은 밥에 물을 부어 불려서 긁은 밥.

가마치 '눌은밥'의 북한어.

꽁당보리밥 '꽁보리밥'의 방언(경상).

콩등치기 차게 해서 먹는 '메밀국수'의 방언(강원).

느름국 따뜻하게 해서 먹는 '메밀국수'의 방언(강원).

느릉국 따뜻하게 해서 먹는 '메밀국수'의 방언(강원).

돔배기 '돔발상어'의 방언(경북). '상어를 도막 낸 고기'의 방언(경북).

양재기 귀상어로 만든 돔배기.

모노 청상아리로 만든 돔배기.

준다리 악상어로 만든 돔배기.

두투머리 몸통을 먹고 남은 돔배기 껍질에 물, 고명과 함께 솥에 넣어 묵처럼 굳게 해서 초간장이나 초고추장에 찍어 먹는 음식.

망개떡

뜸북장 '담북장'의 북한어. '담북장'의 방언(강원, 경상).

빠금장 '담북장'의 방언(충남).

빠개장 '담북장'의 방언(충남).

시금장 경북 지역에서 보리의 속겨로 만들던 장.

등겨장 경북 지역에서 보리의 속겨로 만들던 장.

등계장 경북 지역에서 보리의 속겨로 만들던 장.

망개떡 청미래덩굴 잎사귀로 싸서 먹는 떡.

망개잎떡   '망개떡'의 방언(충남).

멍가잎떡   '망개떡'의 방언(충남).

망게떡   망개떡'의 방언(경남).

멀국   '국이나 찌개 따위의 음식에서 건더기를 제외한 물을 뜻하는 국물'의 방언.

몽생이   '버무리떡(쌀가루에 콩이나 팥 따위를 한데 버무려 찐 떡)'의 방언(강원).

뭉생이   '버무리떡(쌀가루에 콩이나 팥 따위를 한데 버무려 찐 떡)'의 방언(강원).

붕생이   밀이나 보리 등을 맷돌에 2-3 회 거칠게 갈아서 체로 쳐서 걸렀을 때 남은 알맹이를 가리키는 말. 감자붕생이 혹은 밀붕생이라고 부르는 음식이 있으며, 통밀가루를 거칠게 갈아 감자 위에 얹어 찐 떡을 말한다.

투생이   감자 건더기에 녹말가루를 섞어 적당한 크기로 떼어낸 다음 밥솥에 넣고 찐 떡.

즘떡   경기도 연천에서 쓰는 말로 감자붕생이와 비슷한 음식이다.

박산   '튀밥'의 방언(강원, 경남).

박상   '튀밥'의 방언(강원, 경남).

버무리떡

광밥   '튀밥'의 방언.

숨두부   '순두부'의 방언.

조패   '순두부'의 방언(경상).

조피   '순두부'의 방언(경상).

조푸   '순두부'의 방언(경상).

조프   '순두부'의 방언(경상).

조포   '순두부'의 방언(경상).

쉰다리   밥과 누룩으로 담가 만든 여름철 음료를 가리키는 제주 방언.

시락죽   '시래기죽'의 방언.

시락지   '시래기'의 방언(충남).

시라구   '시래기'의 방언(충남).

시라구이   '시래기'의 방언(충남).

시라리   '시래기'의 방언(충남).

실가리   '시래기'의 방언(충남).

씨레이   '시래기'의 방언(충남).

씰가리   '시래기'의 방언(충남).

씨러구   '시래기'의 방언(충남).

시래기

갱죽   시래기 따위의 채소류를 넣고 멀겋게 끓인 죽. 겨울과 봄 동안에 보리밥 덩이에 시퍼런 무청 김치를 넣어서 끓인

238

죽(경북)으로 고을에 따라 갱시기, 갱싱이죽, 갱이죽 같은 말로 부르기도 한다.

옹셍이　'새알심(팥죽 속에 넣어 먹는 새알만 한 덩이. 보통 찹쌀가루나 수수 가루로 동글동글하게 만든다)'의 방언(강원).

옹심이　'새알심'의 방언(강원).

옹시미　'새알심'의 방언(강원).

우어　'웅어'의 방언(충남).

우여　'웅어'의 방언(충남).

재래기　'겉절이'의 방언(경북).

정구치　'부추'의 방언(경북).

짠지　김치의 방언(경상).

벼락짠지　'겉절이'의 방언(경북 안동).

베락짠지　'겉절이'의 방언(경북 안동).

저리개　'겉절이'의 방언(경남).

저러지　'겉절이'의 방언(경남).

조리개　'겉절이'의 방언(경남).

제피　'초피나무 열매 가루'의 방언(경상).

젠피　'초피나무 열매 가루'의 방언(전라).

해우　'김'의 방언(전라)

해우쌈　정월대보름에 오곡밥을 김에 싸먹는 것을 이르는 말.

해우밥　묵은 김치를 넣어 만든 김밥.

초피나무

일상생활

자치기

느르배기 '새총'의 방언(강원).

느레기 '새총'의 방언(강원).

느리배 '새총'의 방언(강원).

빠꾸총 '새총'의 방언(강원).

느라죽 '새총'의 방언(전라).

다항 '성냥'의 방언(경상).

다강 '성냥'의 방언(경상).

당봇 '성냥'의 방언(경상).

다황 '성냥'의 방언(강원).

비시깨 '성냥'의 방언(함경).

비지깨 '성냥'의 방언(함경).

동태 '굴렁쇠'의 방언(강원, 경상).

동테 '굴렁쇠'의 방언(전남).

굴리미 '굴렁쇠'의 방언(강원).

굴레바쿠 '굴렁쇠'의 방언(강원).

뚱구레이 '굴렁쇠'의 방언(강원).

텡게이 '굴렁쇠'의 방언(강원).

궁구레미 '굴렁쇠'의 방언(충남).

동굴테 '굴렁쇠'의 방언(전남).

도랑태 '굴렁쇠'의 방언(경상).

도롱태 '굴렁쇠'의 방언(경상).

도레기 '굴렁쇠'의 방언(제주).

토끼치기 '자치기'의 방언(경기).

토까이치기 '자치기'의 방언(경남).

토깨이 '자치기'의 방언(경상).

메띠기치기 '자치기'의 방언(충남).

메뛰기치기 '자치기'의 방언(강원).

토끼방구 '자치기'의 방언(경남 창원).

땟공치기 '자치기'의 방언(전남 여수).

막대치기 '자치기'의 방언(경상).

맞대 '자치기'의 방언(경상).

마때 '자치기'의 방언(경상).

마때치기 '자치기'의 방언(경상).

말쿠지 '말코지(물건을 걸기 위하여 벽 따위에 달아 두는 나무 갈고리. 흔히 가

말코지

지가 여러개 돋힌 나무를 짤막하게 잘라 다 듬어서 노끈으로 달아맨다)'의 방언. 결낭 '말코지'의 방언(제주).

낭공젱이　'말코지'의 방언(제주).

말꼬지　'말코지'의 방언.

알쿠지　'말코지'의 방언.

외상말코지　돈을 먼저 지불하지 않으면 주문한 물건이나 시킨 일을 얼른 해 주지 않는 일.

선셈　어떤 일이 되기 전이나 기한 전에 미리 돈을 치름.

먼옷　'수의(壽衣)'의 방언(경북 안동).

머능　'수의(壽衣)'의 방언.

머능옷　'수의(壽衣)'의 방언.

호상옷　'수의(壽衣)'의 방언(제주).

무심날　'무싯날(無市-)' 즉, 정기적으로 장이 서는 곳에서 장이 서지 않는 날의 방언. 평일(平日).

무시날　서해안 바닷가 쪽 사람들이 물이 들어오고 나가는 물때의 차이가 심하지 않은, 즉 '물이 오가지 않는 날'을 가리키는 말.

디딜방아

산후더침　아이를 낳은 뒤에 조리를 제대로 하지 못하여 생기는 여러 가지 병을 가리키는 말.

바람간수　'산후조리'의 방언(강원). 바람을 맞지 아니하게 몸을 간수함을 뜻하는 북한어.

자룹방아　'디딜방아'의 방언(경기).

발방아　'디딜방아'의 방언(강원, 함경).

발방애　'디딜방아'의 방언(강원).

쌍지방아　'디딜방아'의 방언(강원).

방두깨　'소꿉장난'의 방언(경상).

반두깨　'소꿉장난'의 방언(경상).

반두깨비　'소꿉장난'의 방언(경상).

반두깨이　'소꿉장난'의 방언(경상).

반주깨미　'소꿉장난'의 방언(경상).

반주깨비　'소꿉장난'의 방언(경상).

방두재비　'소꿉장난'의 방언(경상).

동갑질　'소꿉장난'의 방언(강원).

동굽질　'소꿉장난'의 방언(강원).

동두깨비　'소꿉장난'의 방언(강원).

종굽질   '소꿉장난'의 방언(강원).

빠꿈살이 '소꿉장난'의 방언(전라, 충청).

바꿈살이 '소꿉장난'의 방언(전라, 충청).

바꿈새기 '소꿉장난'의 방언(전라, 충청).

봉창   '주머니'의 방언(경상, 전라, 충청).

춤치   '주머니'의 방언.

개아주머니 '주머니의 방언(강원, 경북, 전남).

개야줌치 '주머니'의 방언.

개줌치 '주머니'의 방언.

개무치 '주머니'의 방언.

염냥   '주머니'의 방언(경기).

산다이   전남 앞바다 쪽 섬에 사는 사람들이 노래하며 춤추는 판을 부르는 말.

정낭   '화장실'의 방언(강원, 경남).

에피리똥 '화장실'의 방언(충청).

드딜항   '화장실'의 방언(제주).

치깐   '화장실'의 방언(전라).

칙간   '화장실'의 방언(전라).

통시   양반이 아닌 머슴이나 하인들이 사용하는 화장실을 부르던 이름(전라, 경상, 제주).

소망   '화장실'의 방언(전라).

소맛간   '화장실'의 방언(충청).

소매   '오줌'의 방언(전라).

송방   간단한 식료품이나 잡화, 과자 등을 파는 가게의 방언(충청, 강원).

식관   '식당'의 방언(충남 서산, 태안).

쇳대   '열쇠'의 방언(강원, 경기, 경상, 전라, 충남, 함경).

늘대   '열쇠'의 방언(강원).

쉬때   '열쇠'의 방언(경북).

게철   '열쇠'의 방언(제주).

게철줴   '열쇠'의 방언(제주).

잠굴쇠   '자물쇠'의 방언(강원).

문통   '자물쇠'의 방언(강원).

자물씨   '자물쇠'의 방언(경북).

통쉐   '자물쇠'의 방언(제주).

수군포	'삽'의 방언(경상).	
수굼포	'삽'의 방언(경상, 전남).	
수금포	'삽'의 방언.	
수굼푸	'삽'의 방언.	
사분	'비누'의 방언(경상, 제주).	

밑싣개 두 발을 디디거나 앉을 수 있게 그넷줄의 맨 아래에 걸쳐 있는 물건.

밑싣개

앉을개	'밑싣개'의 방언(충남).
군두발	'밑싣개'의 방언(강원).

발받이 '밑싣개'의 방언(강원). 개, 고양이 따위의 육식 동물에 발달한 발가락 밑면에 있는 부드러운 근육 덩어리.

지버배끼	'밑싣개'의 방언(강원).
근네찌게	'밑싣개'의 방언(강원).
지데기	'밑싣개'의 방언(강원).
밑징개	'밑싣개'의 방언(충남).
이바구	'이야기'의 방언(경상).
장꽝	'장독대'의 방언(충청, 전라).
장꼬박	'장독대'의 방언(경북).
장뚝간	'장독대'의 방언(충북).
장독거리	'장독대'의 방언(강원).

장독곳	'장독대'의 방언(강원).
장항굽	'장독대'의 방언(제주).
담박질	'달리기'의 방언(전라).
단바꾸	'달리기'의 방언(전라).
담바꿀	'달리기'의 방언(전라).
담바구	'달리기'의 방언(전라).
뛰염질	'달리기'의 방언(전라).
뛰엄박질	'달리기'의 방언(전라).
쪼추바리	'달리기'의 방언(경상).
쪼추발이	'달리기'의 방언(경상).
쪼치발이	'달리기'의 방언(경상).
쪼차바리	'달리기'의 방언(경상).
쪼춤바리	'달리기'의 방언(경상).
쪼츰바리	'달리기'의 방언(경상).
쪼촘발이	'달리기'의 방언(경상).
곤디	'그네'의 방언(경상).
군들	'그네'의 방언(경상).
근대	'그네'의 방언(경상).
군대	'그네'의 방언(경상).
술래	'그네'의 방언(경상).

군지	'그네'의 방언(전라).
훈지	'그네'의 방언(전라).
질매	'그네'의 방언(전라).
구누	'그네'의 방언(충청).
근디	'그네'의 방언(충청).
호수마	'그네'의 방언(충청).
굴매	'그네'의 방언(제주).
굴메	'그네'의 방언(제주).
궁글	'그네'의 방언(제주).
줄레	'그네'의 방언(제주).
동개	'그네'의 방언(제주).
개동개	'그네'의 방언(제주).
춘천이여	'그네 타기'의 방언(강원).
후두구네	'그네 타기'의 방언(강원).
우두구네	'그네 타기'의 방언(강원).

사람

개씨바리	환한 곳에서는 눈을 뜨기가 힘들 정도로 눈이 부시고 눈에 핏발이 서며 눈곱이 끼는 눈병을 속되게 이르는 말.
개씹눈	'개씨바리'의 방언(경남).
개숭눈	'개씨바리'의 방언(경남).
벌눈	'개씨바리'의 방언(경남).
눈사바리	'다래끼'의 방언(경북).
눈대지비	'다래끼'의 방언(경북).
대지비	'다래끼'의 방언(경북).
다람	'다래끼'의 방언(전남).
다랏	'다래끼'의 방언(전남).
개씹	'다래끼'의 방언(제주).
대접	눈 아래쪽에 나는 다래끼의 방언(강원, 충북).
괸당	'친척'의 방언(제주).
방상	'일가붙이의 집안'이라는 뜻을 지닌 제주 방언.

꼴머슴 땔나무나 꼴을 베는 일을 하는 어린 머슴.

깔머슴 '꼴머슴'의 방언(전남).

깔담살이 '꼴머슴'의 방언(전남).

물담살이 물 긷는 일을 전담으로 맡는 노비의 방언(전라).

눕 '머슴'의 방언(전남).

다사리 '머슴'의 방언(제주).

장남 '머슴'의 방언(제주).

깟난쟁이 '갓난아이'의 방언(충청).

깐난아 '갓난아이'의 방언(충청).

해다 '갓난아이'의 방언(강원).

해대기 '갓난아이'의 방언(강원).

해던나 '갓난아이'의 방언(강원).

물애기 '갓난아이'의 방언(제주).

물아기 '갓난아이'의 방언(제주).

가늘라 '갓난아이'의 방언(경상).

간얼라 '갓난아이'의 방언(경상).

깐알라 '갓난아이'의 방언(경상).

깔방얼라 '갓난아이'의 방언(경상).

깔방니 '가랑니(서캐에서 나온 지 얼마 안 되는 새끼 이)'의 방언.

말테우리 '말몰이꾼'의 방언(제주).

쉐테우리 '소몰이꾼'의 방언(제주).

테우리코사 제주에서 백중날 자정에 마소를 기르는 사람들이 방목장에 가서 마소의 무병과 안녕을 기원하며 올리는 제사.

·보재기 '보자기(바닷속에 들어가서 조개, 미역 따위의 해산물을 따는 일을 하는 사람)'의 방언.

머구리 '보자기(바닷속에 들어가서 조개, 미역 따위의 해산물을 따는 일을 하는 사람)'의 방언(경북).

버버리 '벙어리'의 방언.

벗보 '벙어리'의 방언.

버부렝이 '벙어리'의 방언.

버부리 '벙어리'의 방언.

버부어리 '벙어리'의 방언.

버부레이 '벙어리'의 방언.

벌보 '벙어리'의 방언.

비버리 '벙어리'의 방언.

버꾸 '벙어리'의 방언.

버짜　'벙어리'의 방언.

법자　'벙어리'의 방언.

벙치　'벙어리'의 방언(강원, 충남).

모로기　'벙어리'의 방언(제주).

말모로기　'벙어리'의 방언(제주).

말몰레기　'벙어리'의 방언(제주).

비바리　결혼 안 한 처녀의 방언(제주).

넹바리　결혼을 한 여자의 방언(제주).

소나리　'남자'의 방언(제주).

소나이　'남자'의 방언(제주).

왼잽이　'왼손잡이'의 방언(전라).

외악잼이　'왼손잡이'의 방언(전라).

외약손잡이　'왼손잡이'의 방언(전라).

까락잼이　'왼손잡이'의 방언(전라).

오약재비　'왼손잡이'의 방언(충청).

오요손잡이　'왼손잡이'의 방언(충청).

째비　'왼손잡이'의 방언(경상).

짝빼기　'왼손잡이'의 방언(경상).

짝째기　'왼손잡이'의 방언(경상).

짝째비　'왼손잡이'의 방언(경상).

종내기　어린 남자아이들을 가리키는 방언.

두린아이　어린아이의 방언(제주).

곤애기　어린 아기의 방언(제주).

축구　바보나 얼간이 혹은 멍청한 사람을 가리키는 방언(경남). 고을에 따라 축구의 변이 형태인 추꾸, 추끼 추깨이, 축갱이 같은 말을 쓰기도 한다.

큰애기　'처녀(處女)'의 방언.

자연 · 지리

미데기　'해일(해저의 지각 변동이나 해상의 기상 변화에 의하여 갑자기 바닷물이 크게 일어서 육지로 넘쳐 들어오는 것. 또는 그런 현상)'의 방언(강원).

나울　'노을'의 방언(경상).

누리　'노을'의 방언(강원).

복새　'노을'의 방언(경남).

북발　'노을'의 방언(경남).

유리　'노을'의 방언(강원).

농오리　'노을'의 방언(충청).

나불　'노을'의 방언(강원, 경상).

우네　'노을'의 방언(경상).

불새　'노을'의 방언(경남).

붉새　'노을'의 방언(전라).

뼝대　바위로 이루어진 높고 큰 낭떠러지의 방언(강원).

뼝창　바위로 이루어진 높고 큰 낭떠러지의 방언(강원).

영감눈　'함박눈'의 방언(경북).

사랑눈　'싸라기눈'의 방언(경북).

함팡눈　'함박눈'의 방언(경북, 전북).

산날망　산등성이나 산마루의 방언(충청).

날망　'마루(등성이를 이루는 지붕이나 산 따위의 꼭대기)'의 방언(충청).

산비알　'산비탈'의 방언.

오름　1.'산'의 방언(제주). 2. '산봉우리(산에서 뾰족하게 높이 솟은 부분)'의 방언(제주).

굼부리　'화구(火口)'의 방언(제주).

오래　1. 한동네의 몇 집이 한 골목이나 한 이웃으로 되어 사는 구역 안. 2. 거리에서 대문으로 통하는 좁은 길.

올레　거리에서 집으로 연결된 긴 골목을 뜻하는 제주 방언.